Abhandlungen des Instituts für Tierzucht
und Milchwirtschaft an der Universität Leipzig
Herausgegeben von Professor Dr. Golf

Bisher erschienen folgende Hefte:

Heft

1. **Heyne, Dr.** Joachim, Der Blutaufbau und die Leistungsfähigkeit der deutschen schwarzköpfigen Fleischschafherde (Typ Hampshire) in Würchwitz **M. 7.—**
2. **Wilsdorf, Dr.** Otto-Hermann, Das Shropshire, seine Entstehungsgeschichte, seine Verbreitung und seine Leistungen unter Berücksichtigung der Shropshire-Stammschäferei Denkwitz **M. 6.—**
3. **Uhlig, Dr.** Günther-Joachim, Das veredelte Landschwein des Münsterlandes **M. 5.—**
4. **Zwanzig, Dr.** Franz, Die Merino-Fleischschafstammschäferei Hundisburg und ihre Leistungen **M. 5.—**
5. **Annen, Dr.** G., Die Entwicklung und der heutige Stand der südoldenburgischen Edelschweinzucht **M. 5.—**
6. **Canenbley, Dr.** Wilhelm Aug. Heinr., Das deutsche veredelte Landschwein auf den Ausstellungen der Deutschen Landwirtschafts-Gesellschaft **M. 4.—**
7. **Schwabe, Dr.** Heinr., Vergleichende Fütterungsversuche mit Roggenkeimen und Maizenafutter; physiologische Untersuchungen über die Einwirkung dieser Futtermittel auf die Milchbestandteile **M. 5.—**
8. **Alberti, Dr.** Friedrich, Schwankungen des chemisch-physikalischen Blutbildes beim Rinde. (Zugleich ein Beitrag zur Konstitutionsforschung) **M. 4.50**
9. **Seidler, Dr.** Franz, Zucht und Leistung des schwarzbunten Tieflandrindes in der Provinz Pommern **M. 7.50**
10. **Meiner, Dr.** Helmut, Das Deutsche Weißköpfige Fleischschaf in Oldenburg **M. 7.50**
11. **Giese, Dr.** Hans Wilhelm Günter, Studien an der Hampshiredownstammschäferei Hoffe in der Oldenburger Wesermarsch **M. 5.—**
12. **Claus, Dr.** Georg, Entwicklungsstudien am sächsischen veredelten Landschwein **M. 6.—**

Fortsetzung siehe 3. Umschlagseite

Abhandlungen des Instituts für Tierzucht und
Milchwirtschaft an der Universität Leipzig
Heft 21

Abhandlungen des Instituts für Tierzucht und Milchwirtschaft an der Universität Leipzig

Herausgegeben

von

Professor Dr. **Golf**

Heft 21

Privatdozent Dr. **Erhard Berndt**

Chemisch-physikalische Blutuntersuchungen, ihr Wert für die Beurteilung der Konstitution und Leistungsfähigkeit, und ein Beitrag zur Blutgruppenbestimmung zum Zwecke des Individualitätsnachweises

Nach experimentellen Untersuchungen am Rinde

Leipzig 1929
Institut für Tierzucht und Milchwirtschaft
an der Universität Leipzig

Chemisch-physikalische Blutuntersuchungen, ihr Wert für die Beurteilung der Konstitution und Leistungsfähigkeit, und ein Beitrag zur Blutgruppenbestimmung zum Zwecke des Individualitätsnachweises

Nach experimentellen Untersuchungen am Rinde

Von

Privatdozent Dr. **Erhard Berndt**

Mit 21 Textabbildungen

Sonderabdruck aus

Wissenschaftliches Archiv für Landwirtschaft

(Abteilung B: Tierernährung und Tierzucht)

1. Band. 4. Heft

Springer-Verlag Berlin Heidelberg GmbH

1929

Das

„Wissenschaftliche Archiv für Landwirtschaft"

erscheint zur Ermöglichung raschester Veröffentlichung zwanglos in einzeln berechneten Heften; mit 40—50 Bogen wird ein Band abgeschlossen.

Das Archiv wird zunächst in zwei Abteilungen herausgegeben. Abteilung A umfaßt den Pflanzenbau, Abteilung B umfaßt Tierernährung und Tierzucht.

Das Honorar beträgt RM 100.— für den 16seitigen Druckbogen. An Sonderdrucken werden den Herren Verfassern von Arbeiten bis zu $1^1/_2$ Druckbogen Umfang bis 100, von größeren Arbeiten bis 60 Exemplare kostenlos geliefert. Die Autoren werden gebeten, bei Bedarf von weiteren Sonderdrucken vorher den Preis dieser bei der Verlagsbuchhandlung zu erfragen.

Habilitationsschriften und Doktordissertationen werden nicht honoriert, jedoch werden den Verfassern Sonderdrucke zu einem verbilligten Preise von 12 bis 15 Pfg. für den Druckbogen berechnet.

Manuskriptsendungen für das Archiv werden erbeten:

für Abteilung A an

Herrn Professor Dr. Th. Roemer, Halle a. S., Ludwig-Wucherer-Str. 2,

für Abteilung B an

Herrn Professor Dr. E. Mangold, Berlin N 4, Invalidenstr. 42,

oder an

Herrn Professor Dr. W. Zorn, Breslau 16, Hansastr. 25,

für Abteilung A und B an

Herrn Privatdozent Dr. Ernst Tamm, Berlin W 9, Linkstr. 23/24.

Verlagsbuchhandlung Julius Springer in Berlin W 9, Linkstr. 23/24

Fernsprecher: Sammel-Nrn. Kurfürst 6050 u. 6326

---

1. Band.   ## Inhaltsverzeichnis.   4. Heft.

ISBN 978-3-662-42768-2   ISBN 978-3-662-43045-3 (eBook)
DOI 10.1007/978-3-662-43045-3

Inhaltsverzeichnis.

Einleitung.

Für die landwirtschaftliche Tierzucht ist die Erforschung der biologischen und physiologischen Grundlagen für die Leistungsfähigkeit
unserer Haustiere gerade heute eine zwingende wirtschaftliche Not-
wendigkeit. Da die Leistung eines Organismus aber von der ererbten
arteigenen Kombination von Anlagen für die jeweilige Ausbildung
der einzelnen Organe und von deren Funktionsfähigkeit abhängig
ist, so kann nur die Kenntnis der im Genotyp verankerten konstitutionellen Veranlagung eines Individuums Schlüsse auf dessen Leistungsfähigkeit zulassen.

In den letzten Jahren wurde besonders das Blut einer eingehenden
Prüfung unterzogen, da es als Vermittler der im wechselseitigen Funk-
tionsausgleich produzierten Hormone und Fermente der Blutdrüsen
anzusehen ist und den Nähr- und Sauerstoffaustausch übernimmt.
Nachdem *Götze*[1] enge Korrelationen zwischen den von ihm festgestellten individuellen Eigenheiten in der Blutausrüstung und der Körperverfassung und Leistungsfähigkeit unserer Haustiere gefunden hatte,
konnte die Messung und Berechnung der Blutausrüstung zunächst als
ein wichtiger Beurteilungsfaktor für die individuelle Selektion angesehen werden. Obgleich *Götze* (s. o.) und *Richter*[1] u. a. Rassenunter-

---

[1] *Götze*, Z. Konstit.lehre **9** (1924).

schiede im Blutbilde feststellen konnten, kam *Duerst*[2] auf Grund seines umfangreichen Untersuchungsmaterials zu dem Schluß, daß diese sich als konstitutionelle erwiesen, und „daß eine sichere individuelle, praktisch benutzbare tierzüchterische Leistungsvorhersage nach dem Blut allein gegenwärtig noch nicht möglich ist und wahrscheinlich auch nicht möglich sein wird." Er fand nämlich trotz auffallender Unterschiede im roten Blutbilde der beiden Konstitutionstypen, Typus respiratorius und Typus digestivus, eine Loslösung der wirtschaftlichen Leistung bis zu einem gewissen Grade von der Habitusform. Er bestätigte zugleich die Ansicht *Kronachers*[3], daß für die Leistungsfähigkeit physiologische Funktionsänderungen, also die Komplexvariationen des Blutes, der Funktion der innersekretorischen Drüsen und der Nerventätigkeit verantwortlich zu machen sind, und daß für die Erfassung der Konstitutionsfaktoren dem anatomischen Aufbau nur sekundäre Bedeutung zukomme. Die eingehenden morphologischen und mikrometrischen Untersuchungen *Duersts* haben weiterhin bewiesen, daß zwischen Herz und Lunge und dem Konstitutionstyp sowie dem Exterieur und dem innersezernierenden Drüsensystem wechselseitige Beziehungen bestehen, ohne daß Konstitutionsanomalien in der Regel auftraten. Ich betone das besonders, da von humanmedizinischer Seite die *Sigaud*sche Gliederung in Typus respiratorius, Typus digestivus, Typus muscularis und Typus cerebralis vom klinischen Standpunkte gewertet wird, denn beim Homo sapiens sollen zumeist nur Übergänge und gemischte Habitusformen zwischen den einzelnen Typen auftreten.

Walther[4] weist darauf hin, daß die „beim Menschen als Konstitutionstyp aufgefaßten Bezeichnungen beim Rinde als Bezeichnungen für Nutzungstypen verwandt wurden", und daß von der Vereinigung so grundverschiedener Nutzungsformen wie Milch- und Arbeitsschläge zum Typ resp. für den Züchter nicht viel zu erhoffen sei. Er widerspricht sich in einem Teil seiner weiteren Ausführungen aber selbst. Einmal definiert er: „Wenn wir von Konstitution sprechen, so geben wir damit ein für den Gebrauch in der praktischen Tierzüchtung bestimmtes zusammenfassendes Urteil ab über die Ausrüstung eines Tieres oder einer Tiergruppe mit den Erbeigenschaften der mittelbaren Leistung sowie deren Entwicklung im Einzelfalle." A. a. O. wird gefordert: Es wird „nun Aufgabe der Wissenschaft sein, der Praxis dadurch zu nutzen, daß festgestellt wird:

a) Welche Erbanlagen kommen als solche der mittelbaren Leistung in Frage ?

[1] *Richter*, Kühn Arch. **11** (1926).
[2] *Duerst*, Züchtungskde **2**, H. 1 (1927).
[3] *Kronacher*, Züchtungskde **1**, H. 3 (1926).
[4] *Walther*, Züchtungskde **3**, H. 2 (1928).

b) Welche Einflüsse der Umwelt können sie entwickeln oder hemmen ?"

Diese Forderungen werden erhoben, nachdem *Walther* kurz vorher die von verschiedenen Forschern vertretene Auffassung: „Die Gesamtkonstitution feststellen wollen, läuft, streng genommen, auf die Feststellung des gesamten Genotyps des betreffenden Organismus hinaus", stark anzweifelt. Dabei sagt er selbst: „Als der bisher bei weitem ertragsreichste und ein auch für die Zukunft aussichtsreicher Weg zur Klärung konstitutioneller Probleme hat sich die Erblichkeitsforschung erwiesen." Und trotz dieser Erkenntnis folgt: „Selbstverständlich hat die Konstitution mit dem Erbgang an sich nichts zu tun." Und a. a. O.: „Genau so wie man eine Maschine und ihre Arbeitsweise gründlich kennenlernt, wenn man ihren allmählichen Aufbau aus ihren Einzelheiten studiert, so bekommt man auch ein klares Bild vom Tierkörper, wenn man die einzelnen Elemente sich zu dem Ganzen zusammenfügen sieht." Hierin liegt ein großer Widerspruch; denn es wird zugegeben, daß zur Erkennung der mittelbaren Leistungen die sie bedingenden Einzelursachen bekannt sein müssen. Ist der Ursprung des Materials und sind dessen physikalische und chemische Eigenschaften sowie die erforderliche Menge Antriebsstoff von einer Maschine bekannt, und wird trotzdem die zu erwartende Leistung nicht erzielt, so sind zweifellos Störungen in der Funktion eines oder mehrerer Einzelteile die Ursache der Leistungsverminderung, und wenn es nur z. B. die automatische Ölung wäre. Ist die Fehlerquelle nicht bekannt, so kann auch keine Abhilfe geschafft werden. Genau so liegen die Dinge beim Tiere. Wenn wir auch noch nicht viel darüber wissen, in welcher Weise die verschiedenartigen Eigenschaften der einzelnen Zellen oder auch einzelner Organe für die Konstitution und Leistung mitbestimmend sind, so darf das nicht daran hindern, diesem Problem in allen Einzelheiten nachzugehen. Die von *Walther* gestellte Frage a) nach den Zusammenhängen zwischen Erbanlage und mittelbaren Leistungen ist nichts mehr und nichts weniger als die Aufforderung zur Untersuchung der Konstitutionsfaktoren. Denn nach den heutigen Erkenntnissen verstehen wir unter Konstitution die der Rasse, dem Geschlecht und dem Alter gemäße, zeitlich und individuell differente Körperverfassung, die in der Gesamtheit der Organisationsverhältnisse und in der besonderen Reaktionsweise des Einzelindividuums zum Ausdruck kommt. Die Grundlage der Konstitution ist der Genotyp.

Mit der Frage b) nach der Beeinflussung der mittelbaren Leistungen durch die Umwelt wird weiterhin die Erforschung der Kondition gefordert. Denn diese ist das Endergebnis der Einflüsse der Umweltbedingungen und der vielfachen intra- und extrauterinen Erwerbungen, und sie ruft rückwirkend auf die genotypische Beschaffenheit den Phänotyp hervor.

Ob und wieweit durch die Arbeiten auf dem Gebiete der Konstitutionsforschung eine Klärung über das Konstitutions- und Leistungsproblem herbeigeführt worden ist, bedarf keiner näheren Erörterungen mehr.

Die vorliegenden Forschungsergebnisse von *Duerst*[1] (u. l. c. 654) und seinen Mitarbeitern[2-7], *Kronacher* und seinen Mitarbeitern[8-10], sowie die Arbeiten von *van Gelder*[11], *Zorn*[12], *Gärtner* und *Heidenreich*[13], *Kleeberg*[14], *Jacobsen*[15] u. a. haben allerdings nur zum Teil den Beweis erbracht, daß mit der biologisch-physiologischen Untersuchung des Blutes und seiner Einzelbestandteile sowie des innersekretorischen Drüsensystems in Verbindung mit histologischen und anatomischen Studien unsere züchterisch-wissenschaftlichen Beurteilungsmethoden und Erkenntnisse eine Bereicherung erfahren haben. In der schon eingeschlagenen Richtung muß, um eine Klärung des Problems so bald als möglich herbeizuführen, systematisch weiter gearbeitet werden, da mehrere der obengenannten Ergebnisse in ihren wesentlichsten Punkten stark voneinander abweichen.

Die weitaus umfassendste Arbeit ist zunächst auf die Untersuchung des Blutes verwendet worden. Da nach *Richter* l. c. 654 die Rassenfrage mit der Konstitution des Blutes bzw. der Blutausrüstung unserer Haustiere eng verknüpft schien, sollte durch die im Jahre 1925 am

---

[1] *Duerst*, Die Beurteilung des Pferdes. Stuttgart 1922.

[2] *Huber*, Untersuchungen über Korrelationen von Milch, Haarfarbe, Schilddrüse zur Trockensubstanz des Blutes für Schweizer Braunvieh. Inaug.-Diss. Bern 1924.

[3] *Lehmann*, Studien über den Zusammenhang von Wüchsigkeit mit Trockensubstanz und Alkaligehalt des Blutes bei Schweinen. Inaug.-Diss. Bern 1924.

[4] *Schönenberger*, Studien über den Zusammenhang einiger Körperdimensionen mit der Bluttrockensubstanz bei reinrassigem Braunvieh. Inaug.-Diss. Bern 1924.

[5] *Utiger*, Über den Einfluß der Thyreoidea auf die Beschaffenheit des Blutes und ihre Bedeutung für die Konstitution und die Farbe der Tiere. Inaug.-Diss. Bern 1924.

[6] *Allemand*, Recherches sur les matières sèches du sang dans différentes races chevalieres au Suisse. Inaug.-Diss. Bern 1922.

[7] *Marti*, Studien über die Variation der Bluttrockensubstanz und deren Zusammenhang mit der Milchleistung bei Stallhaltung einer gleichartigen Viehpopulation. Inaug.-Diss. Bern 1924.

[8] *Kronacher, Böttger, Ogrizek* und *Schäper*, Z. Tierzüchtg 8, H. 3.

[9] *Kronacher, Böttger* und *Schäper*, Z. Tierzüchtg 11, H. 3.

[10] *Böttger*, Z. Tierzüchtg 7, H. 1.

[11] *van Gelder*, Blutbeschaffenheit und Körperbau bei Hochgebirgs- und Niederungsvieh. Inaug.-Diss. Utrecht 1927.

[12] *Zorn*, Z. Tierzüchtg 11, H. 3.

[13] *Gärtner* und *Heidenreich*, Züchtungskde 3, H. 5 (1928).

[14] *Kleeberg*, Das Blutbild des gesunden Schafes. Inaug.-Diss. Halle 1927.

[15] *Jacobsen*, Untersuchungen über die Viscosität des Blutes und des Serums gesunder Hausrinder. Inaug.-Diss. München 1925.

Leipziger Tierzuchtinstitut aufgenommenen Blutuntersuchungen die Frage geklärt werden, ob das chemisch-physikalische Blutbild des Rindes zu rassen-diagnostischen Zwecken geeignet sei.

Bei den Vorversuchen wurden an mehreren aufeinanderfolgenden Tagen von einem und demselben Tier Blutproben entnommen und auf

den Hämoglobingehalt,

die Bluttrockensubstanz,

die Anzahl der Erythrocyten und Leukocyten

untersucht und die Größenverhältnisse der roten Blutkörperchen mikrometrisch ermittelt. Hierbei zeigten sich erhebliche Differenzen, die trotz peinlichster Beobachtung der Untersuchungstechnik nicht behoben werden konnten. Um etwaige Fehlerquellen in der Arbeitsweise des Untersuchenden festzustellen, wurden von einer einzigen Blutprobe von meinem Mitarbeiter *Alberti*[1] und mir je 10 Untersuchungen auf die einzelnen oben angegebenen Blutkomponenten vorgenommen. Hier variierten die gefundenen Werte nur innerhalb der mittleren Fehlergrenze. Damit erbrachten wir den Beweis, daß das Blutbild eines Rindes täglichen Schwankungen unterworfen ist.

Eine daraufhin vorgenommene eingehende Durchsicht der einschlägigen, besonders auch der humanmedizinischen Literatur zeigte, daß auch andere Forscher zum größten Teile zu ganz abweichenden Ergebnissen bei der Untersuchung des Blutes gelangten. Oft ist aber aus den Berichten nicht immer klar zu ersehen, unter welchen Bedingungen die Blutentnahme erfolgte, sodaß der Gedanke sehr nahe lag, die Labilität des Blutbildes einiger gesunder Tiere, die unter gleichen Umweltbedingungen gehalten werden, zunächst festzulegen (pathologische Fälle mußten selbstverständlich unberücksichtigt bleiben), und daraufhin zu prüfen, ob das Blutbild als Gradmesser für die Konstitution überhaupt geeignet ist. Über die Blutuntersuchungen zu rassendiagnostischen Zwecken soll im III. Teil der Arbeit berichtet werden.

I. Teil.
Das rote Blutbild als Beurteilungs- und Leistungsfaktor.

A. Die Labilität des Blutbildes.

Die Untersuchungsmethode für diese Versuche ist bei *Alberti* eingehend beschrieben, weshalb an dieser Stelle darauf verzichtet werden kann. Der Versuchsplan war kurz folgender: Innerhalb 12 bzw. 24 Stunden sollte in Kontrollabschnitten von je 2 Stunden die Variabilität

der Größenverhältnisse der roten Blutkörperchen,

der Erythrocyten- und Leukocytenzahl,

---

[1] *Alberti*, Schwankungen des chemisch-physikalischen Blutbildes beim Rinde. Abh. Inst. Tierzüchtg **1927**, H. 8.

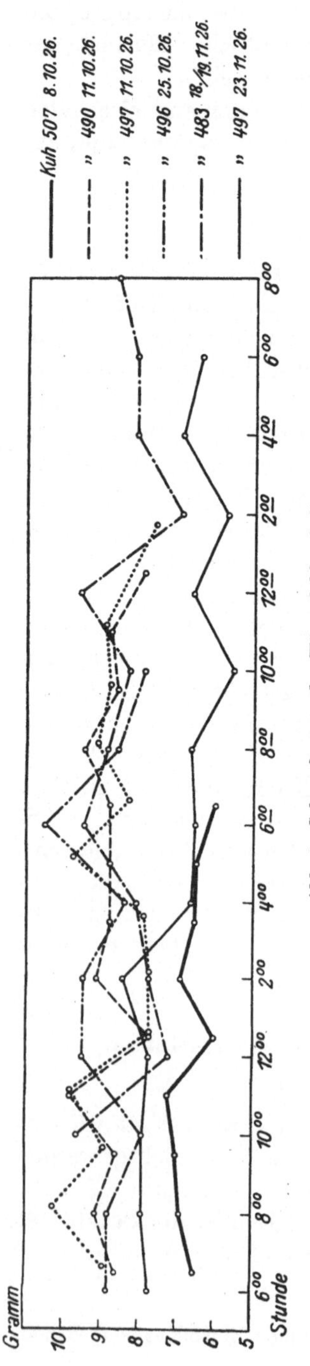

Abb. 1. Schwankungen des Hämoglobingehaltes.

des Hämoglobingehaltes,

der Volumina der Erythrocyten,

der Oberflächengestaltung der Erythrocyten und

des prozentischen Trockensubstanzgehaltes des Blutes

untersucht werden. Die Versuchstiere waren im Rassenstall des Leipziger Tierzuchtinstituts aufgestellt und standen während
der Versuchsdauer unter folgenden Hal-
tungs- und Ernährungsbedingungen:

6 Uhr bis 6 Uhr 45 Min. Melken.
7 „   Fütterung von Kraft-
                         futter.
8 „   Fütterung des Grund-
                         futters (Trockenschnit-
                         zel o. a.).
9 „ bis 10 Uhr 45 Min. Bewegung im Hofe an
                         frischer Luft.
11 „   Fütterung von Rauh-
                         futter.
16 „   15 Min.   Fütterung von Kraft-
                         futter.
16 „   45 „   Fütterung des Grund-
                         futters (Trockenschnit-
                         zel o. a.).
17 „ bis 17 Uhr 45 Min. Melken.
18 „   Fütterung von Rauh-
                         futter.

Bei diesem Versuch sollte nicht die Aufgabe erfüllt werden, etwaige Korrelationen
der Blutwerte untereinander zu ermitteln,
sondern nur die tatsächlich bestehenden
Schwankungen einzeln festzulegen, da von
vornherein erkannt wurde, daß die vorliegenden Versuchs- und Untersuchungsbedingungen zunächst eine Lösung des gesamten Fragenkomplexes gar nicht zuließen.

a) Die Variabilität des Hämoglobingehaltes.

Die 2stündliche Kontrolle des Hämoglobingehaltes an verschiedenen Tagen ergab folgendes Bild:

Das aus der jeweiligen Anzahl Kon-
trollen errechnete Mittel betrug bei:

Kuh 507 . . . . 6,670 g Hgl[1]
„   490 . . . . 8,823 „   „
„   497 (11. X. 1926) . . . . . 8,868 „   „
„   496 . . . . 8,899 „   „
„   483 . . . . 8,434 „   „
„   497 (23. XI. 1926) . . . . . 7,008 „   „

Die Kenntnis der auftretenden Schwankungen und des daraus errechneten Hb[1]-Wertes in Gramm berechtigten zu der Nachprüfung, ob die in der Literatur am meisten vertretene Ansicht, die Blutentnahme morgens vor jedweder Unruhe im Stalle gewährleiste die sichersten Ergebnisse, zu Recht besteht. Die vorliegenden Ergebnisse besagen aber das Gegenteil. Einerseits bestehen schon erhebliche Schwankungen in den Nachtstunden, wo vollkommene Ruhe im Stalle herrscht, andererseits decken sich die 6 Uhr-Werte von Blutproben *eines* Tieres, aber an verschiedenen Tagen entnommen, morgens keinesfalls. Z. B. betrug der Hb-Gehalt der Blutproben von Kuh Nr.:

497 am 11. X.   1926 morgens 6 Uhr 40 Min. 8,986 g,
497 „   23. XI. 1926   „   6 „   7,785 „ und
497 „   24. XI. 1926   „   6 „   6,401 „

b) Hämoglobingehalt und Erythrocytenzahl.

Da der Hb-Gehalt in 100 ccm Blut von der jeweiligen Erythrocytenzahl abhängig sein soll, wurde diese von den am 18. bis 19. und 23. bis 24. entnommenen Blutproben mit bestimmt.

Zeit	Nr. 483. 18. bis 19. XI.			Nr. 497. 23. bis 24. XI.		
	gHb_{100}	RBK-Mill.	$Hb \times 10^{-12}$	gHb_{100}	RBK-Mill.	$Hb \times 10^{-12}$
6 Uhr	—	—	—	7,785	6,08	12,804
8 „	—	—	—	7,958	6,48	12,219
10 „	9,688	—	—	7,958	6,62	12,021
12 „	7,266	5,00	14,532	7,785	5,46	14,258
2 „	7,785	5,64	13,803	8,447	6,36	13,281
4 „	8,131	5,30	15,342	6,677	7,34	9,097
6 „ abends	9,515	6,30	15,103	6,574	7,60	8,650
8 „ „	8,996	5,06	17,799	6,677	7,40	9,023
10 „ „	8,304	6,43	12,914	5,536	5,76	9,611
12 „ „	9,688	6,45	15,020	6,677	6,70	9,966
2 „ „	6,920	5,50	12,582	5,709	6,22	9,178
4 „ „	8,131	5,16	15,758	6,920	5,46	12,674
6 „ „	8,131	5,03	16,165	6,401	5,04	12,700
8 „ „	8,650	5,50	15,727	—	—	—

Bedeutung der Buchstaben:

gHb_{100} = Gramm Hämoglobin in 100 ccm Blut.
RBK-Mill.   = Anzahl der Erythrocyten in 1 ccm Blut in Millionen.
$Hb \times 10^{-12}$ = Hämoglobinmenge je Erythrocyt in 10^{-12} g.

---

[1] Hgl und Hb = Hämoglobin.

Aus obenstehender Tabelle ist ein relativer Parallelismus des Hb-Gehaltes und der RBK-Zahl festzustellen, obgleich sich die absoluten Schwankungshöhen zwischen den beiden Blutwerten zu den entsprechenden Tageszeiten außerordentlich verschieden zeigen. Diese könnten durch die Berechnung des mittleren Fehlers nach der Formel

$$mF = \pm \frac{d_1^2 + d_2^2 + d_3^2 + \ldots d_n^2}{n-1},$$

wobei d_1, d_2 usw. die Differenzen von dem arithmetischen Mittelwert und n die Anzahl der Zählungen, Messungen usw. darstellt, etwas ausgeglichen werden. Nach *Brandt*[1] liegt für einen geübten Untersucher der mittlere Fehler bei Erythrocytenzählungen bei $\pm 2 - 3\%$. Im vorliegenden Falle betrug er 2,12%. Die Wahrscheinlichkeit, daß sich der wahre Wert innerhalb einer bestimmten Grenze bewegt, wächst mit der Vervielfachung des mittleren Fehlers folgendermaßen:

$^{1}/_{2} \times \pm$ mittlerer Fehler ergibt 38,3 % Wahrscheinlichkeit,
$1 \times \pm$ „   „   „   68,3 %   „
$2 \times \pm$ „   „   „   95,4 %   „
$3 \times \pm$ „   „   „   99,7 %   „
$4 \times \pm$ „   „   „   99,997 %   „

Bei streng wissenschaftlichen Untersuchungen muß mit einem 2fachen mittleren Fehler gerechnet werden. Gleicht man die für die Erythrocytenzahl ermittelten Werte mit dem 2fachen mittleren Fehler (3%) aus, so bleibt immer noch ein wenn auch geringes Abweichen der Kurven bestehen.

Diese Untersuchung hat weiterhin gezeigt, daß der Hb-Gehalt eines einzelnen Erythrocyten und damit dessen Leistungsfähigkeit nicht konstant bleibt, und daß zwischen Erythrocytenanzahl und Blutfarbstoff keine Korrelation besteht.

c) Die Variabilität der Erythrocyten- und Leukocytenzahl.

Bei einem Vergleich der Zählungsergebnisse von Kuh 495 mit denen von Kuh 501 bestanden bis nachmittags 4 Uhr wohl in den absoluten Werten erhebliche Unterschiede, jedoch zeigt der Verlauf der Gesamtkurven nur geringe Abweichungen. Die Anzahl der Erythrocyten fällt von 4 Uhr bei 501 schneller als bei 495, bei der sie von 8 Uhr abends bis 12 Uhr nachts steigt. Der Kurvenverlauf der Erythrocytenanzahl der Kühe 483 und 497 zeigt gewisse Ähnlichkeiten, obgleich die Untersuchungen nicht am gleichen Tage vorgenommen wurden. Die Leukocytenanzahl ist bei den einzelnen Tieren wohl absolut verschieden, doch

---

[1] *Brandt,* Fol. haemat. (Lpz.) **1926**, H. 3.

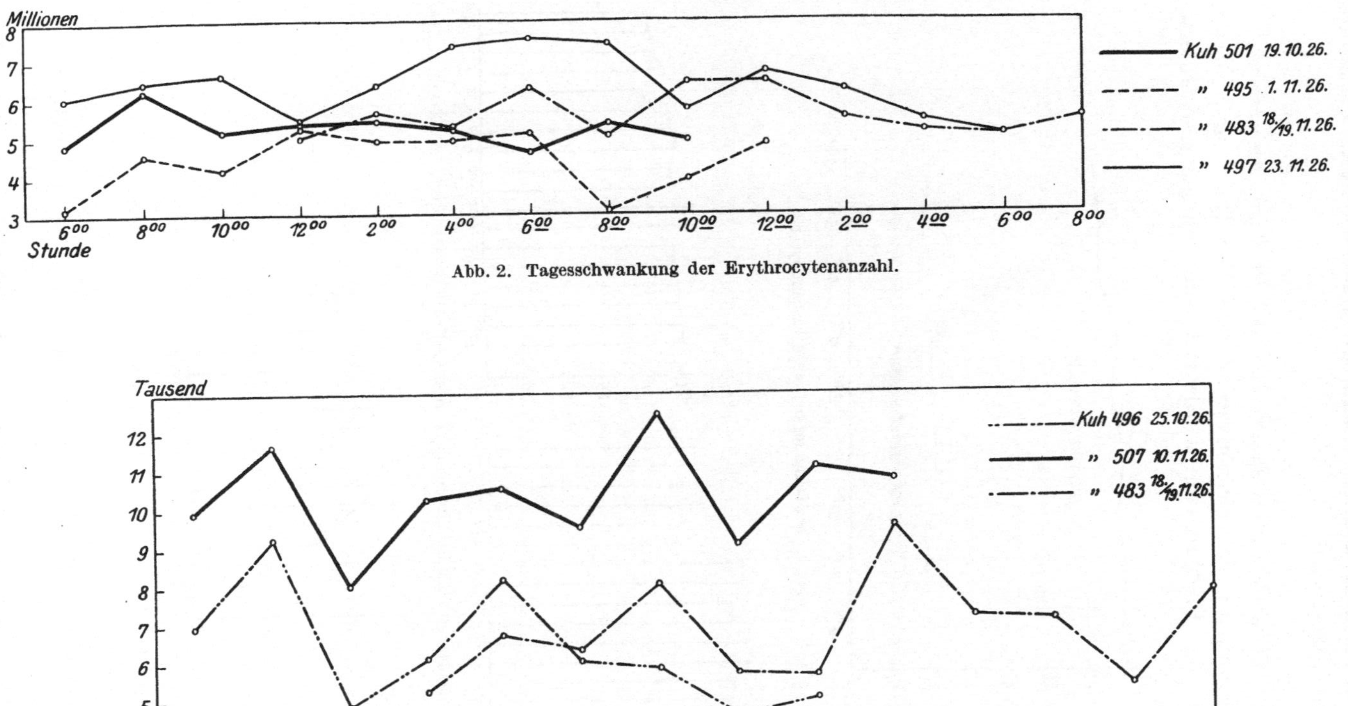

Abb. 2. Tagesschwankung der Erythrocytenanzahl.

Abb. 3. Schwankungen der Leukocytenanzahl.

besteht auch hier eine deutlich erkennbare gleichgerichtete Variabilität zu gewissen Tageszeiten.

d) Die Größenänderung der Erythrocyten und der Bluttrockensubstanz.
Die Bestimmung der Größenveränderung der Quer- und Dickendurchmesser der Erythrocyten wurde mit dem von mir konstruierten

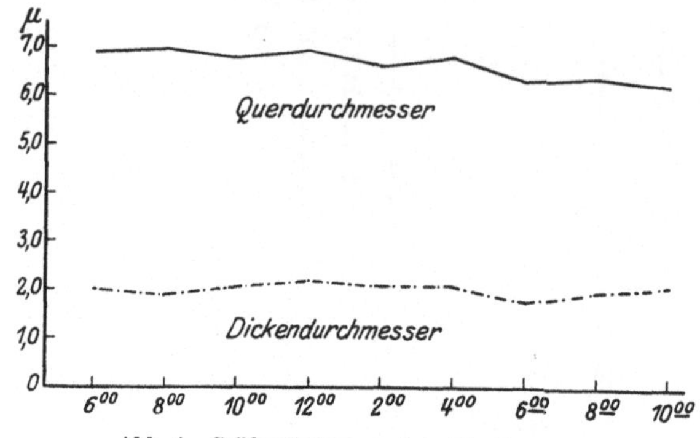

Abb. 4. Größenänderung eines Erythrocyten.

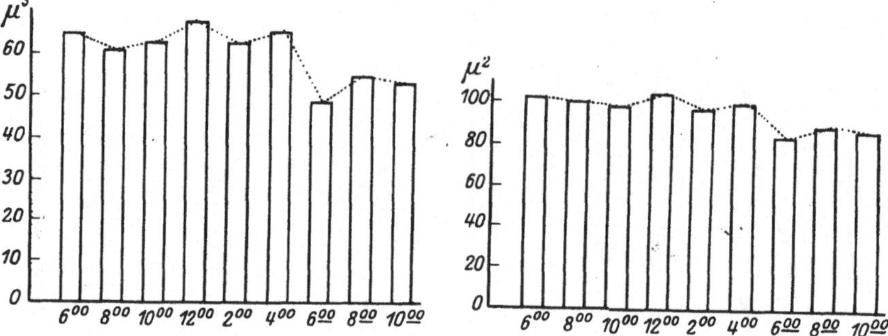
Abb. 5. Volumenänderung eines Erythrocyten.   Abb. 6. Oberflächenänderung eines Erythrocyten.

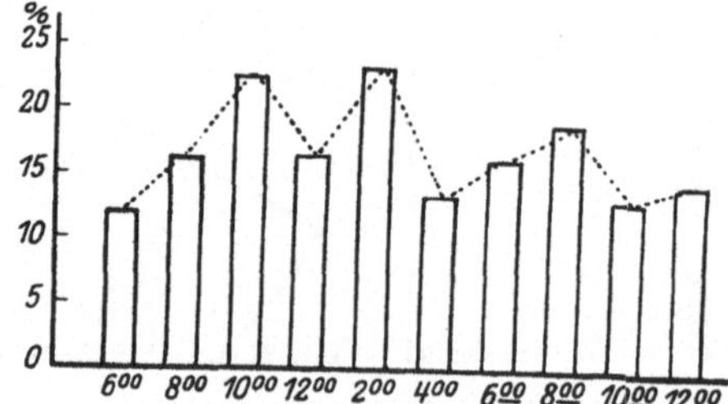
Abb. 7. Schwankungen im prozentischen Trockensubstanzgehalt.

Biomikrocytometer (s. S. 678) vorgenommen. Da uns nicht nur an der Erfassung der mittleren Größenverhältnisse, sondern an der Bestimmung der Variabilität derselben viel gelegen war, wurden von einer Blutprobe 100 Quer- und 25 Dickendurchmesser bestimmt. Daß die Erythrocytendicke durchaus nicht nur geringfügigen Schwankungen unterworfen ist, wie viele Autoren annehmen, zeigt die nachstehende Zusammenstellung.

Hiermit ist gleichzeitig der Beweis erbracht, daß nicht 10, viel weniger nur 5 Messungen, wie viele Forscher angeben, genügen, um die Dicke der Erythrocyten annähernd genau bestimmen zu können.

Erythrocytendicken in Mikra.

2,0	1,9	2,0	1,9	1,5
1,8	2,1	1,8	2,3	2,0
2,2	2,0	1,7	1,6	2,1
2,3	2,1	1,6	2,1	2,1
1,8	2,2	1,8	2,0	2,0
i. M. 2,02	2,06	1,78	1,98	1,94

Minimum . . . . 1,5 Mikra
Maximum . . . . 2,3 „
Variatbr. . . . . 0,8 „ = 53% des Minimums
Mittel . . . . . 1,95 „

Dickendurchmesser.

Nr.	Zeit	Maximum μ	Minimum μ	Variatbreite μ	Durchschnitt μ	% unter Durchschnitt	% über Durchschnitt
1	6 Uhr	2,5	1,6	0,9	2,0	34	56
2	8 „	2,2	1,5	0,7	1,9	52	36
3	10 „	2,4	1,7	0,7	2,1	44	32
4	12 „	2,7	1,8	0,9	2,2	44	40
5	2 „	2,6	1,6	1,0	2,1	34	38
6	4 „	2,6	1,5	1,1	2,1	34	46
7	6 „ abends	2,2	1,4	0,8	1,8	40	40
8	8 „ „	2,5	1,5	1,0	2,0	38	50
9	10 „ „	2,7	1,5	1,2	2,1	50	38

Die Durchschnittswerte sind auf die 1. Dezimale abgerundet.

Querdurchmesser.

Nr.	Zeit	Maximum μ	Minimum μ	Variatbreite μ	Durchschnitt μ	% unter Durchschnitt	% über Durchschnitt
1	6 Uhr	8,3	5,7	2,6	6,9	43	49
2	8 „	8,3	5,7	2,6	7,0	60	35
3	10 „	7,9	5,0	2,9	6,8	46	45
4	12 „	8,5	5,4	3,1	7,0	50	42
5	2 „	8,2	5,5	2,7	6,7	45	47
6	4 „	7,9	5,7	2,2	6,8	48	45
7	6 „ abends	7,9	5,1	2,8	6,4	50	49
8	8 „ „	7,6	5,0	2,6	6,4	52	45
9	10 „ „	7,5	5,1	2,4	6,3	49	42

44*

Die vorstehend angeführten Tabellen und Kurvenbilder geben hinreichend Aufschluß über die von uns festgestellten Schwankungen der Erythrocytengröße und des Trockensubstanzgehaltes. Um die Ursachen für das verschiedenartige Verhalten der hier untersuchten Blutkomponenten ergründen zu können, ist das vorliegende Material zweifellos viel zu wenig umfangreich. So viel läßt sich aber schon jetzt sagen: Trotz der außerordentlichen Labilität der Blutkomponenten sind Gipfelpunkte erkennbar, die täglich 4mal erreicht werden, etwa gegen 8, 12, 18 und 24 Uhr. Einflüsse der Fütterung, des Melkaktes oder der Bewegung an frischer Luft können an Hand des vorliegenden Materials vielleicht erkannt aber nicht stichhaltig bewiesen werden, da die Variabilität auch in den Nacht- und frühen Morgenstunden anhält. Damit schien zunächst der Wert der Untersuchung des roten Blutbildes für eine Konstitutions- und Leistungsbestimmung recht illusorisch zu werden. Wenn bisher immer behauptet wurde, daß die Blutentnahme in den frühen Morgenstunden die besten Resultate gewährleiste, so sprechen die vorliegenden Versuchsergebnisse stark dagegen. Betrachtet man die Kurvenbilder der untersuchten Komponenten, so könnte man sagen, die Entnahme zu jeder beliebigen Tages- oder Nachtzeit habe dieselbe Berechtigung wie die Entnahme am Morgen. Das ist jedoch nicht der Fall. Schon das Auftreten der Gipfelpunkte läßt auf einen biologisch-physiologischen Rhythmus im tierischen Organismus schließen, der, wenn zunächst noch unbekannt, vielleicht den zeitlichen Verlauf der Funktionsänderungen und -ausgleiche oder der Transsudation des Blutes kennzeichnet.

Die Tagesvariationskurven besagen aber noch mehr. Berechnet man aus den Einzelblutwerten das Tagesmittel, das naturgemäß zu verschiedenen Tageszeiten auftreten muß, so ist festzustellen, daß es in den meisten Fällen, ich sage nicht immer, in der Zeit zwischen 10 und 12 Uhr liegt. Eine endgültige Erklärung läßt sich hierfür nicht geben. Wenn die Fütterung morgens 8 Uhr nach dem Melken stattfand, so ist anzunehmen, daß die dadurch bedingte erhöhte physische Erregung der Tiere und die vermehrte Stoffwechseltätigkeit im Organismus nach 10 Uhr sich nicht mehr im Blutbilde erkennen läßt, vorausgesetzt, daß das Blut zum großen Teil auf diese physisch-physiologischen Ursachen reagiert. Diese Annahme findet keine volle Bestätigung, da während der Nachtstunden, wo absolute Ruhe im Stalle herrscht, auch Minima und Maxima gefunden wurden. Es soll hierüber zunächst nicht länger debattiert werden, bevor nicht die umfassenden Untersuchungsergebnisse, die über diese Fragen näheren Aufschluß geben sollen, mitgeteilt sind.

Aus unseren bisher vorliegenden Resultaten mußte geschlossen werden:

1. Eine Blutentnahme in der Zeit zwischen 10 und 12 Uhr hat bei Rindern, die unter den angegebenen Haltungsbedingungen stehen, gegenüber der Entnahme vor dem Frühmelken insofern einen Vorteil, als sie einen dem Tagesmittel annähernd gleichen Wert ergibt.

2. Die differierenden Minimal- und Maximalwerte des *roten* Blutbildes der untersuchten Rinder, die konstitutionell verschieden veranlagt waren, scheinen ein Merkmal des individuellen Reaktionsvermögens, mit dem der Organismus in der Lage ist, auf Umweltreize zu antworten, und des für das organische Gleichgewicht und die Leistungsfähigkeit erforderlichen Sauerstoffbedarfes zu sein.

Ein hierauf angestellter Gruppenperiodenfütterungsversuch mit Ferrum lacticum Fe $(C_3H_5O_3)_2 + 3 H_2O$ bestätigte diese Annahme insofern, als tatsächlich bei den konstitutionell schwächeren Versuchstieren eine Vergrößerung der sauerstoffbindenden Oberfläche, kenntlich an der Anzahl der Erythrocyten und dem Hämoglobingehalt, eintrat, und eine erhöhte Milchsekretion einsetzte (+ 1,2 kg pro Kopf und Tag), während sich bei den mit fester Konstitution ausgerüsteten Tieren keine Veränderungen im Blutbilde und in der Milchsekretion bemerkbar machten. Die Blutentnahmen erfolgten stets in derselben Reihenfolge täglich zwischen 10,40 und 11,20 Uhr. Da die Anzahl der Versuchstiere zu klein war, um auf Grund der Ergebnisse ein abschließendes Urteil zu fällen, soll auf die Angabe näherer Einzelheiten verzichtet werden.

B. Untersuchungen an einer Ostfriesen-Wesermarsch-Herde über die Zusammenhänge zwischen rotem Blutbild, Konstitution und Leistung.

Das Ergebnis des Ferrum lacticum-Fütterungsversuches und die Tatsache, daß die Blutentnahme zwischen 10 und 12 Uhr bei der Untersuchung des roten Blutbildes die besten Resultate zeitigt, ließen nunmehr eine Prüfung der Beziehungen zwischen Blut und Leistung bzw. Konstitution in einem größeren Rindviehbestande als berechtigt erscheinen.

Anläßlich meines Vortrages „Die Konstitution im Lichte neuester Forschung unter besonderer Berücksichtigung der Leistungsfähigkeit des Rindes" im Januar 1927 vor dem Landesverband Sächsischer Herdbuchgesellschaften stellte Herr Rittergutspächter *Nicke*, Bischheim, seine Rinderherde für diese Untersuchungen bereitwilligst zur Verfügung. In den Untersuchungsgang konnten nur solche Blutwerte einbezogen werden, deren Bestimmung an Ort und Stelle möglich war. Aus diesem Grunde mußte auf die Ermittlung der Bluttrockensubstanz verzichtet werden, und die Untersuchung erstreckte sich auf die Feststellung der

Abstammung,

Milchleistung,

Körpermaße einschließlich Rippen- und Schulterwinkel,
Erythrocyten- und Leukocytenanzahl,
Dicke und Durchmesser der Erythrocyten und Hb-Werte.

Die Blutentnahme erfolgte täglich bei je 3 Tieren vormittags zwischen 11 und 11 Uhr 15 Minuten durch Punktion der Vena jugularis mit einer Aderlaßkanüle (3 mm Lumen). Zur Messung und Zählung der Erythrocyten und Leukocyten wurde ein transportables Versuchsmodell des Biomikrocytometers (s. S. 676) verwendet; zur Hämoglobinbestimmung diente das *Sahli*sche Hämometer.

Gleichzeitig sollte versucht werden, einen objektiven Beitrag zu dem Problem „Körperform und Leistung" zu geben, da außer den für die Tiermessung von *Lydtin* festgelegten Massen, die räumliche Ausdehnung des Brustkorbes einer näheren Prüfung unterzogen wurde. Da bei der Beurteilung des Rindes sowohl eine schräge „Schulter" als auch ein großer Rippenwinkel als anatomische Merkmale für hohe Milchleistung angesehen werden, erachtete ich die Lagebestimmung beider Knochen für erforderlich. Die Messung des Winkels der Schulterblattgräte und der letzten Rippe erfolgte mit einem von mir konstruierten Goniometer, da sich dessen Preis nur auf 50% der Anschaffungskosten des *Duerst*schen Gerätes belief. Da nach *Duersts* Berichten dem Typus respiratorius ein langer Brustkorb eigen ist, sollte weiterhin die Länge des für die Herz- und Lungentätigkeit zur Verfügung stehenden Raumes im Verhältnis zur Rumpflänge bestimmt werden. Hierbei war zunächst zu entscheiden, wie die Messung vorzunehmen ist, da es sich nicht um eine rein lineare Ausdehnung handelt. Die Angabe der Entfernung Widerrist—Milchgrube würde ein falsches Bild geben, da letztere nicht in der geraden Verlängerung des zu messenden Rippenwinkelschenkels, sondern weiter nach hinten liegt. Die Bestimmung der Brustbeinlänge erschien mir zu ungenau, zumal nicht erwiesen ist, ob sie sich notwendigerweise dem Rippenabstand entsprechend verändert.

Aus diesen Erwägungen heraus wurde die Horizontalentfernung der Schulterblattgräte von der letzten Rippe in einer Höhe von 80% der jeweiligen Widerristhöhe gemessen. Man trifft so auf den Punkt der Rippe, an dem die Winkelmessung vorgenommen wird.

Bei der Beurteilung des Brustkorbes kann das Trapez ABWP unter Hinzuziehung der Rippenbrustbreite nicht verwertet werden, da die Bestimmung von P technische Schwierigkeiten macht. Ich versuchte daher mit Hilfe der Differenz d (AB—WM) Unterschiede festzustellen, übersah aber zunächst, daß hierbei die Schrägstellung entweder des Schulterblattes oder der Rippe nicht volle Berücksichtigung fand, denn d ändert sich nicht notwendig, wenn r kleiner und s größer wird oder umgekehrt, oder wenn die Rückenwirbel und damit der Rumpf von Natur aus lang sind.

Um festzustellen, ob sich die Bestimmung der anatomischen Verhältnisse in Verbindung mit der Untersuchung des roten Blutbildes als eine brauchbare Beurteilungsmethode für die Leistungsfähigkeit des Rindes erweist, wurde für diese Untersuchungen absichtlich ein Rinderbestand ausgewählt, in dem nicht die reinen Typen respiratorius und digestivus, sondern Mischformen vertreten sind. Denn das Zuchtziel des schwarzbunten Niederungsviehes, des in Deutschland weitaus verbreitetsten Milchviehschlages, schreibt ja eine kombinierte Leistung mit mehr oder weniger starker Bevorzugung der Milch- und Mastleistung vor. Gelingt die Leistungsprognose auch hier, so wird in absehbarer

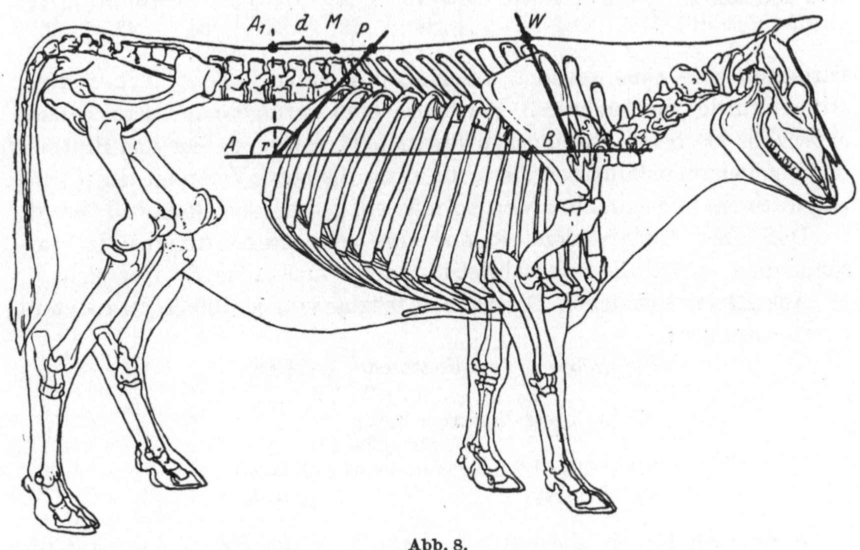

Abb. 8.

Zeit die Untersuchung des Blutbildes als ein praktisches Hilfsmittel zur Selektion in der Tierzucht Anwendung finden können.

Um einen Gesamtüberblick über die Versuchsergebnisse zu gewährleisten, erachtete ich eine Einteilung in Klassen von je 500 kg Milchleistung als besonders zweckmäßig, da sich durch diese Art der Darstellung das Steigen oder Fallen der einzelnen Faktoren am besten kenntlich macht.

Das Ergebnis ist leider gänzlich negativ. Die Brustmaße zeigen keine bestimmte Tendenz, das gleiche gilt auch für die Dicke, den Durchmesser und die Anzahl der Erythrocyten sowie für den Hb-Gehalt. Auffallend ist das negativ korrelative Verhalten zwischen der Leukocytenzahl und der Summe der Plusvarianten der Erythrocyten aus einer Variationsreihe von je 100 Quermessungen. Von Klasse 3—6 fällt die Leukocytenzahl, während mit Ausnahme von Klasse 2 die Anzahl Plus-

	Klasse 1 unter 2500	Klasse 2 2500 bis 3000	Klasse 3 3000 bis 3500	Klasse 4 3500 bis 4000	Klasse 5 4000 bis 4500	Klasse 6 über 4500
Anzahl Tiere %	8	20	27	14	27	4
Rippenwinkel °	115	125	123	124	123	126
Schulterwinkel °	94,5	96	94	94	95	92
Brustlänge %	60,8	60,8	58,5	56,3	59,3	58,8
Brusttiefe %	54,7	54,2	55,1	53,8	54,0	55,1
Leukocytenanzahl	10200	7800	12720	9906	8240	6280
Erythrocytenanzahl Millionen	4,52	6,79	6,09	6,15	6,06	7,10
Erythrocytendicke Mikra	1,99	2,00	2,01	2,10	2,05	2,05
Erythrocytendurchmesser Mikra	5,56	5,49	5,65	5,56	5,56	5,61
Plus und Minusfrequenz d. Variat. %	30:70	51:49	37:63	42:58	54:46	73:27
Hb nach Sahli	46	42	41	54	42	36

varianten mit zunehmender Milchleistung steigt. Beim Typus digestivus wurde von mehreren Forschern eine geringere mittlere Leukocytenzahl als beim Atmungstyp festgestellt, während hier das Blutbild der hochleistungsfähigsten Tiere, die doch als beste Vertreter des Typus respiratorius angesprochen werden müssen, gerade das Gegenteil besagt.

Daß aber Mittelzahlen oft nur eine sehr grobe Angabe der tatsächlichen Verhältnisse gewährleisten, zeigt nachstehende Übersicht.

Aus 23 verschiedenen Blutproben betrug von je 100 Erythrocytenquermessungen:

$$\begin{aligned}
&\text{die größte} && \text{Variationsbreite } 3,5 \text{ Mikra,} \\
& && \text{von } 4,0\text{—}7,5 \quad \text{,,} \\
&\text{die geringste} && \text{Variationsbreite } 1,7 \quad \text{,,} \\
& && \text{von } 4,3\text{—}6,0 \quad \text{,,} \\
&\text{die größte} && \text{Standardabweichung } \pm 0,590 \\
&\text{die geringste} && \text{,,} \qquad\quad \pm 0,363
\end{aligned}$$

Wenn sich hierbei die normale Verteilung der Frequenzen auf die entsprechenden Klassen beispielsweise folgendermaßen gestaltet:

4,00 —4,25	4,25 —4,50	4,50 —4,75	4,75 —5,00	5,00 —5,25	5,25 —5,50	5,50 —5,75	5,75 —6,00
1	2	2	3	15	22	13	21
			3	3	10	13	13

6,00 —6,25	6,25 —6,50	6,50 —6,75	6,75 —7,00	7,00 —7,25	7,25 —7,50	7,50 —7,75
11	4	6				
17	16	12	6	4	1	2

so kann von einer Ausgeglichenheit des Materials nicht mehr die Rede sein. Und trotzdem betrug der mittlere Erythrocytenquermesser im Minimum 5,095 Mikra und im Maximum nur 6,169 Mikra.

Im allgemeinen wird angenommen, daß derjenige Organismus die höchsten Leistungen hervorzubringen vermag, der in der Lage ist, möglichst viel Sauerstoff zu binden, dessen Hämoglobinoberfläche demnach infolge einer hohen Erythrocytenzahl bei kleiner Oberfläche eines einzelnen roten Blutkörperchens relativ groß ist. Wie aus der Tabelle Seite 668 zu ersehen ist, findet diese Annahme bei dem vorliegenden Untersuchungsmaterial keine Bestätigung, denn bei fast gleichbleibender Dicke der Erythrocyten nimmt mit steigender Milchleistung weder deren Durchmesser ab noch die Anzahl und der Hämoglobingehalt zu, ja das Fallen der Summe der Minusfrequenzen deutet eher auf eine prozentuale Vermehrung großer roter Blutkörperchen bei Zunahme der Milchleistung.

Wenn bei der Untersuchung der Beziehungen zwischen Blutwerten, Körperform und Milchleistung keine augenfällige Abhängigkeit der Einzelbestandteile des roten Blutbildes untereinander festzustellen war, so könnte hierfür die Art der Darstellung verantwortlich gemacht werden. Da nun aber in verschiedenen Lehrbüchern über Physiologie die überaus große Anpassungsfähigkeit des Blutes an physiologische Veränderungen, aber gleichzeitig seine Konstanz in der Zusammensetzung als Hauptfaktoren angesprochen werden, liegt es nahe, etwa bestehende Korrelationen der geformten Elemente des Blutes kenntlich zu machen. Zu diesem Zwecke wurden die in den einzelnen Blutproben ermittelten Erythrocytendurchmesser und -dicken, die Anzahl der roten und weißen Blutkörperchen und der Hb-Gehalt biometrisch verarbeitet.

Die Auswahl der jeweiligen Klassenspielräume erfolgte nach der von mir auf Grund eingehender biometrischer Arbeiten in den Jahren 1924/1925 aufgestellten Formel:

$$Kl = \frac{(M_1 - M_2) \cdot 10}{n}$$

wobei M_1 den größten und M_2 den kleinsten Wert der gemessenen qualitativen oder quantitativen Eigenschaft des Untersuchungsmaterials, 10 einen konstanten Faktor und n die Summe der Frequenzen darstellen. (Einzeln auftretende Extreme am Anfang oder Ende der Variationsreihe finden bei der Berechnung keine Berücksichtigung, da diese den Spielraum unnötig vergrößern). Diese objektive Bearbeitung von Zahlenmaterial erachtete ich aus folgenden Gründen für dringend erforderlich.

In der biometrischen Literatur[1] wird angeraten, die Größe der Klassenspielräume so zu wählen, daß keine der Klassen leer bleibt. Wo ist aber hier eine Grenze zu ziehen? Verteilen sich z. B. die Frequenzen einer Variationsreihe auf 30 Einheiten, und entsteht eine lückenlose Aufzählungsreihe bei einem Klassenspielraum von 1,5 Ein-

---

[1] *Johannsen*, Elemente der exakten Erblichkeitslehre. Jena 1927.

heiten, so ist damit noch nicht gesagt, daß der die Berechnung Durchführende nicht Spielräume von 3 Einheiten wählen darf. Notwendigerweise vergrößert sich aber hierbei die auf jede Klasse entfallende Frequenzzahl um das Doppelte, so daß bei alleiniger Betrachtung der Frequenzverteilung ohne Berechnung anderer Variabilitätsmaße eine relativ gute Ausgeglichenheit erkennbar wird, die tatsächlich gar nicht besteht. Ändert sich aber der anzuwendende Klassenspielraum nach der dem Material eigenen Variabilität, so ist eine objektive Darstellungsweise bei der Aufzeichnung von Variationsreihen gewährleistet. Die Formel reguliert die Größe des Klassenspielraumes folgendermaßen: Ist $(M_1 - M_2)$ groß, n jedoch klein, dann wird Kl relativ groß; ist dagegen n ebenfalls groß, dann fällt Kl kleiner aus, und mit Recht, denn wenn sich eine hohe Individuenanzahl innerhalb einer großen Variationsbreite bewegt, ist die Ausgeglichenheit zweifellos besser, als wenn sich nur wenig Individuen auf dieselbe Schwankungsbreite verteilen. Diese zunächst rein theoretischen Erwägungen wären durchaus von geringfügiger Bedeutung, wenn in der Biometrik nicht aus dem Kurvenbilde Schlüsse auf die genetische Beschaffenheit des vorliegenden Materials gezogen würden.

Johannsen sagt: „Finden sich zwei oder mehrere Gipfel an den Kurven, zeigt also die Variationstabelle zwei oder mehrere Maxima, kann man ohne weiteres sagen, daß zwei bzw. mehrere Phänotypen im betreffenden Material nachgewiesen sind" u. a. a. O. „wo nur zwei oder mehrere Phänotypen gefunden wurden, ist damit aber gar nichts gesagt in bezug auf die Frage, ob diese Phänotypen Ausdrücke genotypischer Unterschiede sind." Unter der Voraussetzung, daß diese Hypothese in allen Einzelheiten zutrifft, wird der praktische Wert der oben angegebenen Formel erkennbar. Denn ein zu groß gewählter Klassenspielraum würde evtl. bestehende Phänotypen verdecken, ein zu klein gewählter dagegen mehrere Gipfel in der Kurve und damit Phänotypen anzeigen, die vielleicht weder genetisch noch konditionell begründet sind.

Aus der auf Seite 671 verzeichneten Tabelle ist zu ersehen, daß keineswegs ein festes korrelatives Verhalten der einzelnen Blutwerte untereinander besteht, denn mit Zunahme der dem Vergleiche zugrunde gelegten Eigenschaften ist in keinem einzigen Falle ein konstantes Steigen oder Fallen durch alle Klassen hindurch der anderen Eigenschaften zu beobachten. Mit steigendem Hb-Gehalt scheint eine Zunahme der Erythrocyten- und Leukocytenanzahl und der Dicke der roten Blutkörperchen parallel zu gehen, allerdings nur bis zu dem Hämometerwert 49, da in der Klasse 49—55 die eben genannten Werte eine Abnahme zeigen.

Diese negativen Ergebnisse glaube ich darauf zurückführen zu können, daß das Verhalten des Blutes und seiner Eigenschaften als ein ganz individueller Vorgang im Einzelorganismus anzusehen ist, und daß meines Erachtens Blutwerte, deren Ermittlung nur mit Mikromethoden erfolgte, noch viel feinere Unterschiede als andere morphologische oder physiologische Merkmale zutage treten lassen. Wahrscheinlich können aus diesem Grunde etwa bestehende Wechselbeziehungen von Blutkomponenten untereinander jeweils nur von Blutproben eines Einzeltieres festgestellt werden, dagegen scheint ein korrelativer

Die Abhängigkeit einzelner Blutwerte untereinander.

1. *Erythrocytendurchmesser (µ)*	5,095—5,3635	5,3635—5,632	5,632—5,900	5,900—6,169
	(4)	(10)	(6)	(3)
Hämoglobingehalt (%)	46	41,7	45,7	42,3
Erythrocytenanzahl	6,45	6,42	5,365	6,59
Leukocytenanzahl	8130	10562	10015	8480
Erythrocytendicke (µ)	1,917	2,051	2,034	2,052
2. *Hämoglobingehalt (%)*	unter 37	37—43	43—49	49—55
	(4)	(8)	(5)	(6)
Erythrocytenanzahl	5,42	6,47	6,70	5,73
Leukocytenanzahl	6670	8165	13832	9878
Erythrocytendicke (µ)	1,942	2,008	2,115	2,013
Erythrocytendurchmesser (µ)	5,559	5,630	5,565	5,548
3. *Erythrocytenanzahl*	3,03—4,38	4,39—5,72	5,72—7,05	7,05—8,39
	(3)	(4)	(9)	(7)
Leukocytenanzahl	9830	7850	10415	9223
Erythrocytendicke (µ)	1,954	1,991	2,180	1,999
Erythrocytendurchmesser (µ)	5,618	5,465	5,711	5,500
Hämoglobingehalt (%)	45,3	41,8	41,1	48,8
4. *Leukocytenanzahl*	5840—10430	10430—15020	15020—19610	über 19610
	(17)	(4)	(1)	(1)
Erythrocytendicke (µ)	2,022	2,001	2,043	2,113
Erythrocytendurchmesser (µ)	5,586	5,568	5,627	5,542
Hämoglobingehalt (%)	41,7	51	46	44
Erythrocytenanzahl	6,24	5,09	7,06	6,43
5. *Erythrocytendicke (µ)*	1,805—1,973	1,973—2,141	2,141—2,309	2,309—2,477
	(10)	(10)	(2)	(1)
Erythrocytendurchmesser (µ)	5,479	5,604	5,978	5,593
Hämoglobingehalt (%)	41,3	42,5	40,5	44
Erythrocytenanzahl	6,054	6,3085	6,215	6,05
Leukocytenanzahl	7754	11733	8780	8920

Vergleich aus Blutbildern verschiedener Tiere unzulässig zu sein. Die Untersuchung in der Bischheimer Herde hat zur Frage der Beziehungen zwischen Blutbild, Konstitution und Leistung keine Aufklärungen gegeben. Auf Grund der Versuchsergebnisse scheint eher die Annahme Berechtigung zu finden, daß das rote Blutbild nicht als ein geeigneter Beurteilungsfaktor für die Leistungsfähigkeit des Rindes angesprochen werden kann.

II. Teil.
Die planmäßige Erforschung verschiedener Faktoren und Eigenschaften des Blutes.

1. Kapitel.
Der Versuchsplan, die Untersuchungsmethodik und die Vorversuche.

Die im I. Teil der vorliegenden Arbeit festgestellte Labilität des roten Blutbildes und das negative Untersuchungsergebnis an der Ostfriesen-Wesermarsch-Herde führte dazu, nunmehr planmäßig die Erforschung verschiedener Faktoren und Eigenschaften des Blutes aufzunehmen, und solche Blutkomponenten zur Untersuchung heranzuziehen, deren Verhalten gegen äußere und innere Faktoren nur zum Teil bekannt war, und von denen anzunehmen war, daß sie eine größere Konstanz als die bisher untersuchten Blutwerte aufweisen. Wenn bei den vorliegenden Untersuchungen in Teil I nur die festen Bestandteile des Blutes Berücksichtigung fanden, so geschah das aus der Erwägung heraus, daß deren Funktionen von ausschlaggebendster Bedeutung tür die Leistungsfähigkeit des Organismus sind, und die Kenntnis des Verhaltens der die absolute Leistung und Körperverfassung mitbedingenden physiologischen Komponenten eine Leistungsvorhersage zuließ. Das war wider Erwarten nicht der Fall. Die Träger der geformten Elemente des Blutes, das Blutserum und Blutplasma, waren bisher im Rahmen der Konstitutions- und Leistungsforschung fast gänzlich unberücksichtigt geblieben, so daß es nun als zweckmäßig erachtet werden mußte, auch sie einer eingehenden Prüfung zu unterziehen. Leider wurde damit zunächst der praktische Wert der Blutprüfung, an Ort und Stelle durch Blutentnahme und anschließende Untersuchung über den Zucht- und Leistungswert eines Tieres ein objektives Urteil abgeben zu können, ein illusorischer, da die jetzt in Anwendung zu bringenden Untersuchungsmethoden an entsprechende Laboratoriumseinrichtungen gebunden waren.

Die Untersuchungen mußten, um stichhaltige Ergebnisse liefern zu können, sich auf möglichst viel Blutwerte erstrecken, und an einer großen Reihe von Blutproben durchgeführt werden. Denn nur so ist nach den bisher vorliegenden Resultaten eine Gewähr dafür gegeben, daß die Blutuntersuchung eine zweckmäßige Ergänzung zur Konstitutionsforschung darstellt. Die Kenntnis der hohen Variabilität und Labilität des roten Blutbildes war zielbestimmend für den Versuchsplan. Einerseits hielt ich die mehrmalige Kontrolle innerhalb 24 Stunden für unbedingt erforderlich, andererseits konnte aber auch auf eine wiederholte Beobachtung mehrere Monate hindurch nicht verzichtet werden.

In den Versuch wurden ein Angler- und ein Wilstermarschrind, als Vertreter der Niederungsrasse, ein Schwyzer- und ein Vogtländerrind, als Vertreter der Höhenrassen, gestellt, so daß je 2 Tiere mit mehr feiner und 2 mit mehr grober Konstitution erfaßt waren. Der Umfang der Untersuchungen mußte sich nach den zur Verfügung stehenden Arbeitskräften richten, und so konnten, unter tatkräftiger Unterstützung durch meine Mitarbeiter *Dillner*, *Gräfe*, *Holze* und *Viehweg*, denen ich an dieser Stelle nochmals meinen verbindlichsten Dank ausspreche, folgende Blutwerte aus jeder Einzelprobe bestimmt werden:

1. die Größenverhältnisse der Erythrocyten,
2. die Suspensionsstabilität der Erythrocyten,
3. der Hämoglobingehalt,
4. die Erythrocytenanzahl,
5. die Leukocytenanzahl,
6. der Trockensubstanzgehalt des Blutes,
7. das spezifische Gewicht des Blutes,
8. die Viscosität des Blutes,
9. der Trockensubstanzgehalt des Serums,
10. das spezifische Gewicht des Serums,
11. die Viscosität des Serums,
12. der Eiweißgehalt des Serums,
13. das Albumin-Globulinverhältnis des Serums,
14. der Trockensubstanzgehalt des Plasmas,
15. das spezifische Gewicht des Plasmas,
16. die Viscosität des Plasmas,
17. der Eiweißgehalt des Plasmas,
18. das Albumin-Globulinverhältnis des Plasmas.

Das Blut jedes einzelnen Tieres wurde 2×24 Stunden lang geprüft. Weiterhin erfolgte eine 3monatige Kontrolle in Zeitintervallen von 8—10 Tagen vormittags 11 Uhr.

Ehe die Hauptuntersuchungen in Angriff genommen werden konnten, war aber eine große Zahl von Voruntersuchungen erforderlich. In erster Linie mußte eine brauchbare Untersuchungsmethodik ausgearbeitet werden, die eine Bewältigung der zu untersuchenden Einzelergebnisse binnen 2 Stunden zuließ, und die mehr Zeit als die Durchführung der Hauptuntersuchungen selbst erforderte. Damit eine hinreichende Gewähr für die Exaktheit der Ergebnisse geboten war, wurden unter stets gleichbleibenden Versuchsbedingungen Parallel-untersuchungen vorgenommen. Aus diesem Grunde machte sich eine teilweise Verwendung gerinnungsverhindernder Zusätze notwendig.

Die Blutentnahme erfolgte mittels weiter Aderlaßkanülen in den meisten Fällen aus der Vena jugularis, oder, wenn sich größere Gewebs-infiltrationen bzw. Hämatome bildeten, aus der links- oder rechts-seitigen Vena pudenda externa. Vergleichende Voruntersuchungen lieferten den Beweis, daß die Blutproben, gleichviel welcher Vene sie entnommen waren, dieselben Resultate anzeigten. Wenn auch im allgemeinen aus hygienischen Gründen die Punktion der Milchvenen nicht anzuraten ist, so machte sich diese jedoch öfters aus obengenann-ten Gründen notwendig. Auch gelingt dort die Blutentnahme in der Regel sicherer und schneller unter Vermeidung jedweder Erregung der Tiere.

Die weitere Verarbeitung des Blutes zeigte, daß sowohl die Serum-gewinnung als auch die Herstellung des Plasmas nicht immer einwand-frei gelingt. Hämolyse trat öfters ein, wenn sich eine mehrmalige Punk-tion notwendig machte, wenn beim Loslösen des Blutkuchens mit der Platinnadel von der Glaswandung eine teilweise Zerstörung desselben eintrat, und wenn beim Zentrifugieren ein Röhrchen platzte. Hämo-lytische Sera fanden selbstverständlich keine weitere Verwendung. Wurde der Abschluß der vollständigen Gerinnung nicht richtig erkannt, und das Blut zu zeitig oder auch zu kalt (unter $+10°$) zentrifugiert, so war das Plasma vollkommen oder nur ein Teil desselben geronnen. Da anzunehmen ist, daß solche nur teilweise gewonnenen Plasmen eine anormale Zusammensetzung aufweisen, schieden wir auch diese von der Untersuchung aus. Zur Plasmagewinnung und zur Untersu-chung einiger anderer Bluteigenschaften mußten gerinnungshindernde Zusätze, Hirudin oder Novirudin, verwendet werden, von denen das den Vorzug verdienende Hirudin, wie unsere Erfahrungen gelehrt haben, leider sehr verschieden je nach dem Alter wirkt, das schwerlösliche Novirudin aber die Plasmafarbe fast bis zur makroskopischen Undurch-sichtigkeit verdunkelt. Die Einflüsse von Hirudin bzw. Novirudin auf die zu untersuchenden Bluteigenschaften sind in den entsprechenden Abschnitten belegt, weshalb an dieser Stelle darauf verzichtet werden kann. Um den obengenannten Zufälligkeiten bei der Serum- und Plas-magewinnung vorzubeugen, wurden bei der Blutentnahme für die durchzuführenden Untersuchungen

a) im Stall: 1 Zentrifugenglas mit 10 ccm Frischblut,

b) im Laboratorium: 1 Zentrifugenglas mit 15 ccm Blut, das mit Hirudin oder Novirudin versetzt war;

zur Serumgewinnung 2 Zentrifugengläser mit je 15 ccm Blut und

zur Plasmagewinnung 2 Zentrifugengläser mit je 15 ccm Blut

und den erforderlichen Mengen gerinnungsverhindernder Zusätze beschickt. Damit war ein Sicherheitsfaktor dafür gegeben, daß möglichst alle im Versuchsplan aufgestellten Eigenschaften auch zur Untersuchung gelangen konnten.

A. Die Zählung und Messung der geformten Elemente des Blutes.

Wie schon in Kapitel 1 erwähnt wurde, bestand eine der größten Schwierigkieten darin, daß eine einzelne Person in die Lage versetzt werden mußte, binnen 2 Stunden 100 Quer-, 25 Dickenmessungen der Erythrocyten und die Auszählung der roten und weißen Blutkörperchen in der *Bürker*schen Zählkammer vornehmen zu können. Alle bisher bestehenden mikrometrischen Methoden zeigten insofern große Nachteile, als einerseits mit Mikrometerwerten gearbeitet werden mußte, wodurch sich natürlich Meßfehler um das Vielfache des Umrechnungsfaktors vermehren, andererseits aber die Augennerven des Untersuchenden derart in Anspruch genommen wurden, daß er überhaupt nicht in der Lage war, Massenuntersuchungen auf längere Dauer vornehmen zu können. Eine geeignete Apparatur bestand nicht, also mußte eine solche beschafft werden, die die Mängel behob.

Von der Überlegung ausgehend, daß nur mit Hilfe der Projektion eine Erleichterung für das Auge erreicht werden konnte, und daß hierbei — eine einwandfreie Technik vorausgesetzt — viel geringere Fehler als bei der direkten Beobachtung im Mikroskop unterlaufen, zumal jederzeit die Beobachtungstechnik des Untersuchenden kontrolliert werden kann, entschloß ich mich, diesen Weg zu beschreiten.

Von vornherein erachte ich die Ausschaltung irgendwelcher die Vergrößerung begünstigenden Linsensysteme zwischen Mikroskop und Projektionsebene für unbedingt notwendig, da diese einerseits die Lichtintensität herabmindern, andererseits jede Veränderung des Strahlenganges zwischen Okular und Bildebene eine Fehlerquelle mehr darstellt, die geeignet ist, unter gewissen Bedingungen die beabsichtigte Vergrößerung des Untersuchungsmaterials zu verändern bzw. eine Verzerrung hervorzurufen. Eine gewisse Verzerrung wird bei der Mikroprojektion allerdings stets unvermeidbar sein, da die Länge der Strahlen und deren Auftreffwinkel verschieden groß sind, denn nur die Zentralstrahlen, die kürzesten im Strahlengange, erreichen die Projektionsebene senkrecht. Um diese Fehlerquelle vollkommen auszuschalten, müßte man die Projektionsebene nicht plan sondern konvex gestalten, deren Bogenspannung sich aus der Entfernung vom Brennpunkt des Okulars bis zur Projektionsfläche errechnen läßt. Die auf dieser gewölbten Abbildungsebene festgestellten Maße müßten dann aber als Kreissegment angesehen und dementsprechend umgerechnet werden. Abgesehen von ihrer Umständlichkeit hat diese Arbeitsweise den Nachteil, daß bei Änderung der Ver-

größerung die Projektionsfläche ausgewechselt werden muß, da sich
der Brennpunkt und damit der Bogenwinkel und Radius bei Verwendung verschiedener Linsensysteme ändert. Eine derartige Apparatur
wäre zu unpraktisch, kompliziert und teuer, und aus diesem Grunde
mußte an der Verwendung einer plangestalteten Projektionsebene fest-
gehalten werden. Die geringste Verzerrung tritt dann ein, wenn die
Bildebene so nahe wie möglich an das Mikroskop gerückt wird. Das
wirkt allerdings hindernd auf die zu erzielende Vergrößerung. Dem-
zufolge konnten nur stark vergrößernde Linsensysteme in Betracht
kommen, deren Auswahl so zu treffen war, daß die Lichtintensität keine

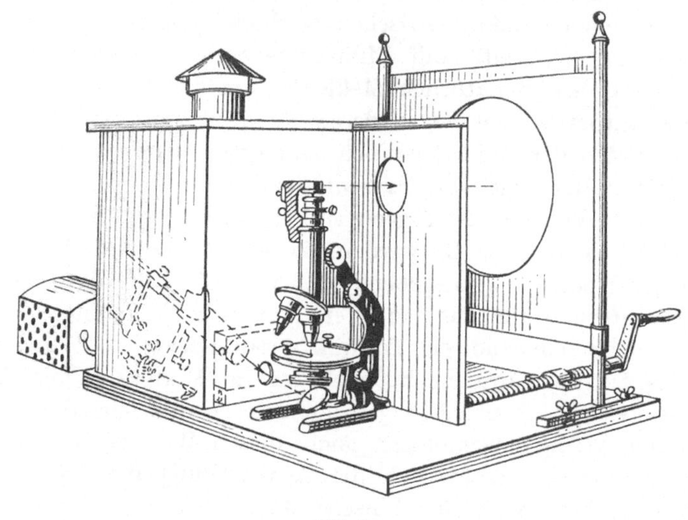

Abb. 9.

erhebliche Verminderung erfuhr, und soweit es die Stärke der hohl-
geschliffenen Objektträger (die Dicke der roten Blutkörperchen kann
ja nur im schwimmenden Präparat gemessen werden) zuließ. Ein
Arbeiten mit Ölimmersionen war unmöglich (speziell bei der Messung
der Erythrocytendurchmesser im Trockenpräparat), da das Zedernöl
eine teilweise Entfärbung und Quellung der Blutkörperchen verursachte.
    Diese grundlegenden Forderungen fanden zunächst in dem Ver-
suchsmodell des Biomikrocytometers Erfüllung (siehe Abbildung).
    Nach mehreren Versuchen stellte sich heraus, daß für die Messungen
eine tausendfache Vergrößerung die besten Resultate lieferte, und es
konnte mit Hilfe des Zehntelmaßes auf $^1/_{10000}$ mm der natürlichen
Größe exakt gearbeitet werden (siehe Abbildung Seite 677).
    Die durch die Vergrößerung bedingte Dimensionsverzerrung der
äußersten Randstrahlen gegenüber der Abbildung durch die Zentral-

strahlen betrug im Maximum $+0{,}15$ Mikra. Der der subjektiven Beobachtung des Untersuchenden unterliegende mittlere Fehler von 100 Messungen betrug $\pm 0{,}2099$ Mikra. Somit liegt der Verzerrungsfehler innerhalb der mittleren Fehlergrenze, und er kann daher unberücksichtigt bleiben.

Die in dem Versuchsmodell gewählte Anordnung der Apparaturen und auch diese selbst zeigten folgende Nachteile:

1. Nachstellen der Kohlenstifte der Bogenlampe. (Die automatische Einstellung an solchen Lampen gewährleistet leider kein regelmäßiges Licht.)

2. Unbequeme Bedienung der Tischschrauben am Kreuztisch und der Mikrometerschraube.

3. Verminderung der Lichtintensität durch das auf das Okular aufgesetzte Umkehrprisma.

4. Senkrechte Stellung der Projektionsebene, wodurch nach längerer Arbeitsdauer eine Ermüdung der Nackenmuskeln und eine Unsicherheit in der Meßtechnik eintrat.

Auf Grund dieser Erfahrungen traf ich folgende Verbesserungen:

Während im Versuchsmodell die Vergrößerung außer dem Wechsel der

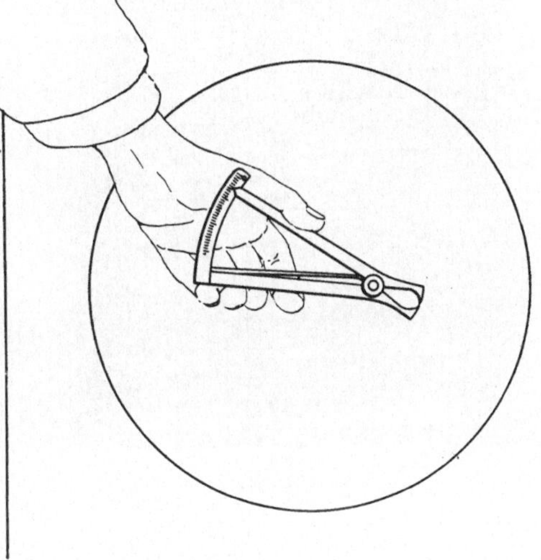

Abb. 10.

Linsensysteme durch Verschieben der Projektionsebene eingestellt werden konnte, sollte diese jetzt fixiert und Lichtquelle und Mikroskop beweglich werden. Damit war eine Möglichkeit gegeben, die Bildebene horizontal zu lagern, so daß eine sicherere Durchmusterung der Präparate erzielt wurde. (Von einer Schrägstellung des Mikroskops mußte abgesehen werden, da sonst keine Feuchtpräparate zur Untersuchung gelangen konnten.) Die Konstruktion des Biomikrocytometers ist aus den beiden Abbildungen auf Seite 678 ersichtlich.

Ein unter einem stabilen Tisch angebrachter Kasten K, der durch 3 Türen zugänglich ist, umgibt lichtdicht das Mikroskop Mk und die Lichtquelle L (eine Leitz-Niedervoltpunktlichtlampe), die auf einer durch das Getriebe G vertikal verschiebbaren Marmorplatte M fest aufmontiert sind. In die Tischplatte ist die Projektionsebene P (eine dünne Mattglasscheibe mit feinem Raster) eingelassen, die mit einer

Abb. 11.

Abb. 12.

Kassette Kp (für photographische Platten bei Mikroaufnahmen) auswechselbar ist. 3 Griffschrauben S_1, S_2 und S_3 sind durch Cardanübertragung an die Mikrometerschraube C_1 und die Kreuztischantriebe C_2 und C_3 angeschlossen und ermöglichen die Feineinstellung und eine rucklose Verschiebung des Objektträgers. G, S_1, S_2 und S_3 sind abnehmbar, so daß Unberufene keine Verstellung der Vergrößerung oder eines aus bestimmten Gründen festzuhaltenden Präparatausschnittes vornehmen können.

Wenn das Biomikrocytometer auch speziell für die Untersuchung der Blutkörperchen aus Ermangelung einer geeigneten Apparatur zusammengestellt werden mußte, so wurde doch bei der Konstruktion berücksichtigt, daß es für alle mikroskopischen Arbeiten gleich gut geeignet sein muß, um seinen Wert durch eine vielseitige Verwendungsmöglichkeit zu erhöhen.

Bei den vorliegenden Untersuchungen war es möglich, die Messung von 100 Erythrocytendurchmessern in 10 Minuten, 25 Dickenbestimmungen in 20 Minuten, die Auszählung von 160 Quadraten in der *Bürker*schen Zählkammer zur Ermittlung der Erythrocytenanzahl in 20 Minuten und die Bestimmung der Leukocytenanzahl (125 Quadrate) in 8 Minuten durchzuführen, wenn die Schreibarbeit eine Hilfskraft übernimmt, anderenfalls erhöht sich die Arbeitszeit um 30%. Die Herstellung der Feucht- und Trockenpräparate sowie die Beschickung der *Thomas*chen Mischpipetten erfolgte mit Frischblut im Stall sofort nach der Entnahme.

B. Die Bestimmung des Hämoglobingehaltes.

erfolgte mit dem *Sahl*ischen Hämometer. Die dieser Methode anhaftenden Mängel, die hauptsächlich in der subjektiven Beobachtung des Ablesenden zu suchen sind (die Hintergrundbelichtung spielt hierbei eine große Rolle), konnten nach hinreichender Einarbeitung des Untersuchenden so weit ausgeschaltet werden, daß sich die Ablesungsdifferenzen nur in Zehntelgraden der Skala bewegen. Da die ermittelten Hämometerwerte aber nur in ganzen Zahlen weitere Verarbeitung finden, konnten diese geringfügigen Fehler unberücksichtigt bleiben. Ich erachtete 3 Kontrollversuche aus jeder einzelnen Blutprobe als ausreichend, zumal die Verdünnung mit aqua dest. genau 1 Minute nach Beschickung des Röhrchens mit Blut und stes bei unsichtbarer Skala erfolgte. Erst dann wurden die entsprechenden Hämometerwerte abgelesen. Für die Hämoglobinbestimmung wurde Frischblut verwendet, da die Untersuchung nach der Blutentnahme sofort im Stall erfolgte. Nähere Angaben über die *Sahl*ische Methode sind nicht erforderlich, denn sie ist hinreichend bekannt.

C. Die Trockensubstanzbestimmung von Blut, Plasma und Serum.

Der Trockensubstanzbestimmung kommt, wenn sie als alleinige Blutuntersuchung vorgenommen wird, nur geringe Bedeutung zu, da nach *Naegeli*[1] nur durch die ergänzende Bestimmung des Eiweißgehaltes des Serums, der Erythrocytenzahl und des Hb-Wertes entschieden werden kann, ob eine beobachtete Änderung des Trockenrückstandes eine absolute oder eine relative nur infolge einer Änderung des H_2O-Gehaltes des Blutes ist. Wenn es bei den vorliegenden Untersuchungen auch nicht darauf ankam, eine Hydrämie festzustellen, so sollte doch das korrelative Verhalten der früher genannten Bluteigenschaften einer näheren Betrachtung unterzogen werden. Weiterhin schien es wichtig, den von mehreren Autoren berichteten diagnostischen Wert der Bluttrockensubstanz für eine Konstitutionsbestimmung nachzuprüfen.

---

[1] *Naegeli*, Ergebnisse von Untersuchungen des Blutplasmas und Blutserums. Verh. a. d. Kongr. f. inn. Med. **1913**.

Die Untersuchung mußte nach der Mikromethode von *Bang*[1] durchgeführt werden, da aus den Institutsmitteln nur eine Torsions-, nicht eine Luftdämpfungsschnellwaage beschafft werden konnte. Die Methodik ist in der einschlägigen Literatur hinreichend beschrieben und demnach bekannt, so daß hier nur auf sich notwendigmachende Modifikationen näher eingegangen werden soll. Das Arbeiten mit den 1,5 × 2,7 cm großen Fließpapierstreifen erfordert die Beachtung vieler kleiner Handgriffe, um zu exakten Ergebnissen zu gelangen. Die von der Firma Hartmann und Braun, Berlin, zur Waage mitgelieferten Klammern sind infolge ihrer geringen Größe unhandlich, dagegen erwiesen sich zur Aufhängung des Papiers handelsübliche Büroklammern als recht brauchbar, zumal ihre Schwere eine kurze Schwingungsdauer am Waagebalken bedingt. Bei den zum Einarbeiten erforderlichen

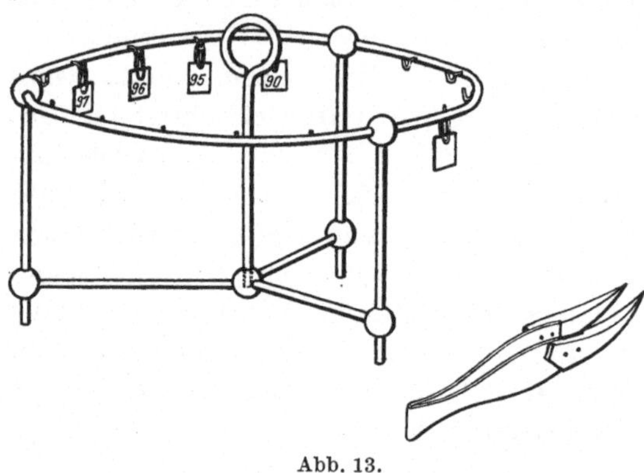

Abb. 13.

Versuchen zeigten sich trotz peinlichster Vermeidung einer Stauung während der Blutentnahme zunächst erhebliche Unterschiede im Trockensubstanzgehalt ein und derselben Blutprobe, die kaum auf die Ungeschicklichkeit des Untersuchenden zurückgeführt werden konnten. Aus diesem Grunde wurde der Behandlung von Klammer und Papier ganz besondere Aufmerksamkeit zugewendet. Vom Vertrocknen bis zum Abschluß der Untersuchung wurden beide nicht voneinandergetrennt und vor allem nur mit der Pinzette angefaßt. Jedwede Berührung des Papiers in befeuchtetem Zustand mit Glas, Metall oder anderen Materialien war zu vermeiden, da sonst ein Substanzverlust eintrat, der bei der Wägung nach erfolgter Trocknung einen falschen Feuchtigkeitsverlust anzeigte. Um solche Fehlerquellen auszuschalten, wurden die Fließpapierstreifen während der gesamten Untersuchungsdauer an dem Messinggestell (Abb. 13) hängend getrocknet, im Exsiccator erkaltet und transportiert und gelangten von dort direkt an die Torsionswaage.

Eine Prüfung, ob die jeweilige auf dem Papier verteilte Flüssigkeitsmenge für den Ausfall der Bestimmung von untergeordneter Bedeutung sei, führte zu dem Ergebnis, daß Flüssigkeitsmengen unter 100 und

---

[1] *Bang*, Methoden zur Mikrobestimmung einiger Blutbestandteile. Wiesbaden 1916.

über 180 mg sehr variable Werte lieferten. Das ist aus folgenden Gründen leicht erklärlich. Einerseits vergrößern sich durch die Berechnung auf die ursprüngliche Substanz geringe Versuchsfehler erheblich, andererseits erfordert eine große Menge Untersuchungsflüssigkeit bei der nur bedingten, relativ geringen Oberflächengestaltung eine längere Trocknungsdauer, da die oberste Schicht rasch verkrustet und die Feuchtigkeitsabgabe der daruntergelegenen Teilchen vermindert. Um auch in dieser Beziehung möglichst gleiche Untersuchungsbedingungen für alle Proben zu schaffen, erfolgte die Benetzung des Papiers mit einer sterilen Mikropipette (150 cmm Fassungsvermögen), die etwa bis zur Marke 120 gefüllt wurde, so daß die zur Untersuchung gelangenden Flüssigkeitsmengen etwa 115—140 mg wogen. Die Entleerung der Pipette darf keinesfalls durch Blasen mit dem Munde erfolgen, da sich die Lungenluftfeuchtigkeit an der inneren Glaswandung niederschlägt, und somit wäre eine weitere Verwendung der Pipette für Kontrollbestimmungen ausgeschlossen. Diese Fehlerquelle konnte durch Anschließen eines Handgebläses, das die Saug- und Druckwirkung übernahm, ebenfalls ausgeschaltet werden.

Die Torsionswaage ist für eine Temperatur von $+20°$ geeicht. Da auch während der Nachtstunden im ungeheizten Laboratorium gearbeitet werden mußte, machte sich bei einem Sinken der Laboratoriumstemperatur unter $+20°$ ein Justieren der Waage vor jeder Einzelbestimmung notwendig. Um evtl. Untersuchungsfehler, die bei Innehaltung obenstehender Erfordernisse eigentlich gar nicht vorkommen konnten, sofort zu erkennen, wurden von jeder Blut-, Plasma- und Serumprobe 4 Parallelbestimmungen vorgenommen, die nur dann als gültig angesprochen wurden, wenn innerhalb der 4 Proben nach erfolgter Berechnung Differenzen von 0,15% im Maximum auftraten, andernfalls waren neue Proben anzusetzen. Um dieser Forderung gerecht werden zu können, mußte das Untersuchungsmaterial längere Zeit flüssig erhalten werden. Hierfür standen 2 Wege offen, entweder die Verdünnung oder die Verhinderung der Gerinnung.

a) Die Vor- und Nachteile der gerinnungsverhindernden Präparate Hirudin und Novirudin.

Eine Verdünnung ist für die Exaktheit der Resultate insofern ungünstig, als dadurch eine Fehlerquelle mehr in den Untersuchungsgang eingeschaltet wird, die nicht unbedingt notwendig ist und bei der Berechnung unnötige Zeit beansprucht. Aus diesem Grunde wurde die Fibrinbildung durch Hirudinzusätze (damaliger Hersteller Firma Schimmel und Co., Miltitz bei Leipzig, heute Dr. Grübler und Co., Leipzig C 1) verhindert, zumal die Plasmagewinnung — wenigstens beim Rinderblut — nach unseren Erfahrungen nur auf diesem Wege möglich war. (Beim Defibrinieren durch Schütteln mit Glasperlen tritt Hämolyse ein, und die Refraktion ergibt falsche Werte. Um für die sich auf mehrere Monate erstreckende Untersuchungsdauer von vornherein die erforderlichen Hirudinmengen sicherzustellen, forderte Verf. bei der erstgenannten Firma 2000 mg an, er erhielt aber zu seinem größten Erstaunen die Auskunft, daß nur die vorhandenen Restbestände (etwa 1000 mg) ausverkauft würden und eine Neuherstellung im Fabrikationsbetrieb nicht vorgesehen sei. Daher sollte an Stelle von Hirudin Novirudin Verwendung finden, zumal der Anschaffungspreis dieses synthetisch hergestellten Präparates die Versuchskosten wesentlich verbilligen konnte. Vergleichende Untersuchungen über die Wirkung von Hirudin und Novirudin führten zu unterschiedlichen Ergebnissen.

Das Hirudin wirkte durchaus verschieden, da dessen Intensitätsgrad teils vom Herstellungsdatum, teils vom fabrikationsmäßigen Ausfall abhängt. Alte sowie großkörnige Ware zeigte oft gar keine oder nur teilweise Gerinnungshemmung bei vorschriftsmäßiger Dosierung, deren Verdreifachung allerdings die erwünschte Wirkung erzielte. Die Aufbewahrung von angerissenen Hirudinampullen sollte entsprechend der Gebrauchsanweisung nur im Exsiccator, mit Schwefelsäure beschickt, erfolgen, da Chlorcalcium nicht genügend Luftfeuchtigkeit absorbiere. Auch diese Maßnahme erwies sich als unzweckmäßig, da die Säuredämpfe Holz und Papier angriffen und diese Gase die Wirkung des Präparates herabsetzten. Diesem Übelstand konnte durch Verwendung von $^1/_{100}$ g-Packungen, die sofort verbraucht wurden, abgeholfen werden. Nach alledem schien das Novirudin geeigneter, aber es zeigten sich auch hier Nachteile. Aus oft unerklärlichen Gründen löste sich die erforderliche Zusatzmenge im Blute nicht auf. Da anscheinend bei Angabe der Dosierung ein vielfacher Sicherheitsfaktor gewählt wurde, gerann das Blut auch bei nur teilweiser Auflösung des Präpatares nicht immer, aber, und das war ausschlaggebender, dadurch konnten die Trockensubstanz, das spezifische Gewicht und die Viscosität von Blut und Plasma eine nicht zahlenmäßig erfaßbare Veränderung erfahren, die eine exakte Auswertung der Ergebnisse ausschloß. Auch färbt Novirudin das Plasma je nach Konzentration verschieden an (siehe auch II. Teil, 2. Capitel, G).

Trotz dieser Mängel mußte ein gangbarer Weg gefunden werden, um mit den Präparaten arbeiten zu können. Die Verwendung von Hirudin wurde infolge seiner biologischen Herkunft für zweckmäßiger erachtet, zumal es billiger war und doch größere Mengen zur Verfügung standen, als in Aussicht gestellt waren. Bei Kenntnis des Herstellungsdatums und vorheriger Feststellung der Korngröße ließ sich nach einigen Probeversuchen die Zusatzmenge genau ermitteln, die ein bestimmtes

Quantum Blut etwa 2 Stunden lang flüssig erhielt. Nachdem die greifbaren Hirudinvorräte, auch anderer chemischer Handelsfirmen, aufgebraucht waren, wurden die Nachteile des Novirudins festgelegt und auch dessen Dosierung und Behandlung auf eine bei allen Versuchen anzuwendende Norm gebracht. Selbstverständlich wurde der Einfluß von Hirudin und Novirudin auf die zu untersuchenden Bluteigenschaften geprüft, um erforderlichenfalls Umrechnungsfaktoren festlegen zu können (siehe die entsprechenden Abschnitte).

b) Der Einfluß von Hirudin- und Novirudinzusätzen auf den Trockensubstanzgehalt von Blut und Plasma.

Da bei der Trockensubstanzbestimmung nur Blut verarbeitet werden konnte, dessen Gerinnung durch eines der Präparate verhindert war, sind vergleichende Versuche von Frischblut und versetztem Blut überflüssig. Wenn tatsächlich eine geringe Abweichung vom normalen Blute besteht, so ist diese im Rahmen der vorliegenden Arbeit von untergeordneter Bedeutung, da dieser Faktor bewußt in den Untersuchungsgang eingeschaltet wurde und konstant ist. Wie die später angeführten Ergebnisse zeigen, muß er auch äußerst geringfügig sein, denn die ermittelten Werte weichen von den von anderen Autoren mitgeteilten nicht ab.

Hirudin		Novirudin	
Blut %	Plasma %	Blut %	Plasma %
16,61	11,22	16,50	11,30
16,56	11,30	16,56	11,30
16,66	11,20	16,59	11,22
16,63	11,23	16,50	11,28
16,59	11,25	16,60	11,37
16,57	11,20	16,52	11,29
16,56	—	16,50	—
i. M. 16,59	11,23	16,52	11,29

Wie aus obenstehender Aufstellung hervorgeht, sind die Unterschiede im Trockensubstanzgehalt zwischen Hirudin- und Novirudinblut und -plasma unter genauester Beachtung der früher mitgeteilten Versuchsbedingungen äußerst geringfügig. Die Differenzen zwischen Hirudin- und Novirudinblut betragen

im Mittel   — 0,07 %,
im Maximum   — 0,16 %,
im Minimum   — 0,06 %;

zwischen Hirudin- und Novirudinplasma

im Mittel   + 0,06 %,
im Maximum   + 0,17 %,
im Minimum   + 0,02 %.

Diese geringfügigen mittleren Abweichungen, beim Blut nach der negativen, beim Plasma nach der positiven Seite, können bei der Verarbeitung des Materials der Hauptuntersuchungen unberücksichtigt bleiben, da sie kleiner als die unvermeidbaren Differenzen (0,15%) in 4 Parallelbestimmungen sind.

D. Die Bestimmung der Suspensionsstabilität der Erythrocyten.

wurde als besonders wertvoll erachtet, da die Senkungsgeschwindigkeit der roten Blutkörperchen nach den Angaben von *Zwar*[1], *Mocsy*[2] und *Fiedler*[3] von der Viscosität des Plasmas und der Erythrocytenzahl und -größe abhängig sein soll. Bei der vorliegenden Arbeit kam es ja aber gerade darauf an, außer dem Verhalten einzelner Blutwerte auch deren Beziehungen untereinander festzustellen.

In der hämatologischen Literatur der Human- und Veterinärmedizin liegen eine große Reihe teils sich deckender, teils sich widersprechender Erfahrungen auf dem Gebiete der Bestimmung der Senkungsgeschwindigkeit der roten Blutkörperchen vom homo sapiens, von verschiedenen unserer großen und kleinen Haustiere, aber leider sehr wenig vom Rind vor[4, 5].

Das mag in der Eigenart der Rinderblutkörperchen, sehr langsam zu sedimentieren, begründet liegen, zumal die bestehenden Methoden, die einer eingehenden Prüfung unterzogen werden mußten, sich für Untersuchungen am Rinderblut in der vorliegenden Form nicht eignen.

a) Die Prüfung der gebräuchlichsten Methoden.

Als solche sind zu nennen:
1. Die Makromethode *Linzenmeier*,
2. Die Mikromethode *Linzenmeier-Raunert* und
3. Die Mikromethode *Westergren*.

Die Hauptunterschiede zwischen diesen 3 Methoden sind durch die jeweilige Höhe und Weite der Senkungsröhrchen und durch die Art der Ablesung gekennzeichnet. Es bedarf keiner großen physikalischen

---

[1] *Zwar*, Die klinische Brauchbarkeit der Mikrosedimentrie nach Linzenmeier-Raunert. Inaug.-Diss. Greifswald 1926.

[2] *Mocsy*, Dtsch. tierärztl. Wschr. **1923**, Nr 18.

[3] *Fiedler*, Pflügers Arch. **200**, H. 1/2 (1923).

[4] *Andreesen*, Untersuchungen über die Beziehungen der roten Blutkörperchen zu Alter, Gravidität, Leistungsfähigkeit, insbesondere Milchleistung, Körperformen und Konstitution beim schwarzen oder rotbunten ostfriesischen Niederungsrind. Inaug.-Diss. München 1922.

[5] *Franz*, Versuche einer Trächtigkeitsbestimmung mittels Blutsedimentation beim Rinde nebst einem Beitrag über die Sedimentation des Blutes an dem Haustiere. Inaug.-Diss. Leipzig 1921.

	Makromethode Linzenmeier[1]	Mikromethode Westergren[1]	Mikromethode Linzenmeier-Raunert[1]
Höhe der Blutsäule . .	55 mm	200 mm	125 mm
Weite der Röhrchen . .	5 „	2,5 „	1 „
	mm	mm	
1. 1 St.	1,2	1,75	Die Marke 18 mm wurde
2 „	1,6	2,00	erreicht nach:
3 „	2,2	2,25	20 St.
6 „	3,5	4,00	
12 „	6,6	7,50	
24 „	12,0	14,50	
36 „	18,3		
2. 1 St.	1,1	1,75	23 St.
2 „	1,5	2,00	
3 „	2,0	2,25	
6 „	3,4	4,50	
12 „	6,8	8,25	
24 „	13,0	14,25	
36 „	19,5		
3. 1 St.	1,0	1,00	18 St.
2 „	1,7	1,50	
3 „	0,2	2,00	
6 „	4,2	2,25	
12 „	8,2	6,00	
24 „	15,2	13,0	
36 „	21,2		
4. 1 St.	1,5	1,00	18 St.
2 „	2,0	1,50	
3 „	2,5	2,00	
6 „	4,8	3,25	
12 „	8,8	6,75	
24 „	15,5	13,25	
36 „	22,7		
5. 1 St.	1,5	1,50	18 St.
2 „	2,2	2,00	
3 „	3,5	2,25	
6 „	4,1	3,25	
12 „	6,9	6,25	
24 „	11,5	12,00	
36 „	16,9		
6. 1 St.	1,5	1,00	17 St.
2 „	1,9	1,50	
3 „	2,2	2,00	
6 „	3,5	3,50	
12 „	7,5	6,25	
24 „	11,6	13,00	
36 „	17,5		

[1] Diese Versuche wurden mit Frischblut durchgeführt.

Höhe der Blutsäule .. Weite der Röhrchen ..	Makromethode *Linzenmeier*[1] 55 mm 5 „ mm	Mikromethode *Westergren*[1] 200 mm 2,5 „ mm	Mikromethode *Linzenmeier-Raunert*[1] 125 mm 1 „
7. 1 St.	1,5	1,00	Die Marke 18 mm wurde
2 „	2,0	1,50	erreicht nach:
3 „	2,5	2,00	18 St.
6 „	4,0	3,25	
12 „	6,6	6,25	
24 „	12,0	13,00	
36 „	17,5		
8. 1 St.	1,2	1,00	
2 „	2,4	1,50	19 St.
3 „	3,1	2,00	
6 „	4,7	3,25	
12 „	7,4	6,50	
24 „	12,4	13,00	
36 „	17,0		

[1] Diese Versuche wurden mit Frischblut durchgeführt.

Vorbildung, um zu erkennen, daß die Messung desselben mechanischen Vorganges bei Änderung der grundlegenden Faktoren und Versuchsbedingungen verschiedene Werte liefern muß, denn mit einer Änderung der Kapazität der Gefäße wechselt auch das Flüssigkeitsvolumen. Aus diesem Grunde konnte ich mich zu einer kritiklosen Übernahme einer der 3 Methoden nicht entschließen. Während bei der Makromethode *Linzenmeier* die Zeit gemessen wird, in der die Plasmasäule einen gewissen Streckenabstand, die Marke 18 mm, erreicht, wird bei der Mikromethode *Linzenmeier-Raunert* wohl noch diese Ablesungsart als möglich offen gelassen oder aber, genau wie bei der Mikromethode *Westergren*, die Höhe der Plasmaschicht nach Ablauf eines bekannten Zeitintervalles festgestellt. Lumen und Länge der Senkungsröhrchen sind bei beiden Mikromethoden verschieden, so daß zunächst einmal die Arbeitsweise aller 3 Methoden bekannt sein mußte, ehe eine Entscheidung über die anzuwendende Untersuchungstechnik getroffen werden konnte. Denn brauchbare Resultate sind nur dann zu erzielen, wenn man praktische Methoden in Anwendung bringt, deren Ergebnisse nicht relativ zu werten sind, deren Fehlerquellen man kennt und zu verhüten weiß.

Es galt zunächst festzustellen, wie groß die Unterschiede der Suspensionsstabilität der Erythrocyten bei den 3 genannten Methoden waren, und welche Schlußfolgerungen aus diesem Versuch gezogen werden konnten.

Aus vorstehender Tabelle ist eine Erhöhung der Senkungsreaktion bei beiden Mikromethoden festzustellen. Ob diese von der Höhe der Blutsäule oder der Größe des Röhrendurchmessers abhängig ist, läßt sich nicht entscheiden. Welche Bedeutung dem Blutvolumen für den Senkungsverlauf zukommt, geht aus dieser Versuchsanordnung auch nicht klar hervor, obgleich die geringste Suspensionsstabilität mit der Mikromethode *Linzenmeier-Raunert* beobachtet werden konnte, allerdings bei stark vermindertem Lumen. Diese Ergebnisse stimmen mit den umfassenden Beobachtungen *Horvats*[1] überein, dessen Resultate ziemlich konstant waren, aber, genau wie im vorliegenden Falle, keine zu errechnenden Gesetzmäßigkeiten nachweisen ließen (siehe Versuch 3 und 4 der Tabelle). Die Mikromethode *Linzenmeier-Raunert* erwies sich bei dem langsam sedimentierenden Rinderblut als unzulänglich, da eine präzise Ablesung nicht möglich war. Sie schied daher für weitere Versuche aus, zumal bei ihr *Gragert*[2] und *Zwar*[3] 20% Fehler gegen $1\frac{1}{3}$% der Makromethode nachweisen konnten.

Wenn die Fehlerquellen der Mikromethode *Westergren* auch nicht ganz so groß wie die der L.-R.-Methode sind, so liegt doch hier ein wesentlicher Nachteil in der Art der Füllung. Mag die hierzu gehörige modifizierte Pravazspritze auch noch so genau sein, so können doch erhebliche Fehler beim mehrmaligen Ausblasen und Aufsaugen zwecks vollständiger Mischung in einem *gesonderten* Reagensglase entstehen. Weiterhin mußte bei der Ablesung erst eine Schätzung in Bruchteilen eines Millimeters erfolgen, die unseren Anforderungen auf Exaktheit nicht entsprach. Bei der Makromethode *Linzenmeier* konnten folgende Fehlerquellen festgestellt werden:

1. Eine ungenaue Graduierung der Ganzglasspritze.

2. Eine nicht vorschriftsmäßige lichte Weite von 5 mm der Senkungsröhrchen. Die Ungenauigkeit führte bei den Untersuchungen zu folgendem Fehler: Bei Paralleluntersuchungen (es wurden stets mindestens 2 Proben angesetzt und bei der Auswertung das Mittel der gefundenen Plasmahöhen verwendet) kam es häufig trotz peinlichster Untersuchungstechnik zu einer Differenz in der Senkungsgeschwindigkeit. *Horvat* konnte dieselbe Erscheinung beobachten, er führt sie jedoch auf eine ungleichmäßige Erythrocytenverteilung infolge ungenügender Durchmischung in den Röhrchen zurück, während sich *Josefowicz*[4] und *Starlinger*[5] trotz der größten Bemühungen, alle

---

[1] *Horvat*, Münch. med. Wschr. **1922**, Nr 50.
[2] *Gragert*, Zbl. Gynäk. **1925**, Nr 74.
[3] *Zwar*, Inaug.-Diss. Greifswald 1926.
[4] *Josefowicz*, Münch. med. Klin. **1922**, Nr 40.
[5] *Starlinger*, Biochem. Z. **114**, H. 3/4 (1926).

in Betracht kommenden Ursachen auszuschalten, dieses auch von ihnen beobachtete Phänomen nicht erklären können.

3. Ein die Senkungsreaktion ungünstig beeinflussender Faktor ist die Verwendung nicht frischer 5proz. Natriumcitratlösung.

4. Die Messung des Zeitintervalles, in dem die Plasmasäule die Höhe 18 mm erreicht, ist zweifellos nach den eingehenden Untersuchungen *Linzenmeiers*[1-8] beim Menschenblut die geeignetste, für eine Darstellung des Senkungsverlaufes der sehr langsam sedimentierenden Rindererythrocyten jedoch unbrauchbar.

5. Eine Verdunstung des Plasmas; denn die Senkungsröhrchen bleiben entgegen den zwei genannten Mikromethoden unverschlossen. Da aber eine Verdunstung eine Eindickung des Plasmas zur Folge hat, müßte sich, theoretisch betrachtet, dessen Viscosität erhöhen, und da nach Untersuchungen *Rölfings*[9] die Senkungsgeschwindigkeit der roten Blutkörperchen umgekehrt proportional der Viscosität des Suspensionsmittels ist, hätte eine Erhöhung der Suspensionsstabilität eintreten müssen.

Auf Grund dieser Beobachtungen machte sich nachstehende Modifikation der Makromethode *Linzen-meier* notwendig.

Um ein einwandfreies Mischungsverhältnis von Blut und stets frischer Natriumcitratlösung zu erreichen, wurde statt der Glasspritze eine Präzisionsmikropipette verwendet und die Mischung im Senkungsröhrchen selbst vorgenommen. Aus finanziellen Gründen mußte die gering variierende Röhrchenweite mit in Kauf genommen werden.

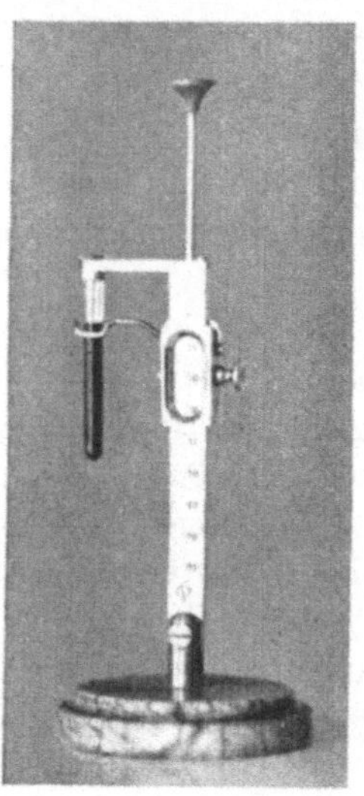

Abb. 14.

Statt der von *Linzenmeier* geforderten Feststellung der Senkungszeit, in der eine bekannte Plasmahöhe erreicht wird, wurde die von den Erythrocyten jeweils durchlaufene unbekannte Strecke in mehreren bekannten Zeitabschnitten gemessen.

[1] *Josefowicz*, Münch. med. Klin. **1922**, Nr. 40.
[2] *Starlinger*, Biochem. Z. **114**, H. 3/4 (1926).
[3] *Linzenmeier*, Z.bl Gynäk. **1920**, Nr 30.
[4] *Linzenmeier*, Pflügers Arch. **181** (1920).
[5] *Linzenmeier*, Pflügers Arch. **186**, H. 4 u. 5 (1921).
[6] *Linzenmeier*, Dtsch. med. Wschr. **1922**, Nr 30.
[7] *Linzenmeier*, Zbl. Gynäk. **1921**, Nr 10.
[8] *Linzenmeier*, Münch. med. Wschr. **1923**, Nr 40.
[9] *Rölfing*, Über Senkungsunterschiede der Erythrocyten im Citratblut und defibrinierten Blut. Inaug.-Diss. Gießen 1925.

Wie schon früher erwähnt wurde, genügt eine grobe Millimeter-einteilung an der Glaswandung nicht, und aus diesem Grunde konstruierten mein Mitarbeiter *Dillner* und ich ein Gestell (siehe Abbildung), in das jedes einzelne Röhrchen unter Vermeidung jedweder Erschütterung zur Ablesung eingehängt wurde. An.der vertikal stehenden Skala mit Millimetereinteilung läuft ein Schieber, an dem seitlich ein Arm mit einer Justiervorrichtung angebracht ist, um die Erythrocytenplasmagrenze exakt einstellen zu können. Der Schieber trägt eine Noniusgraduierung, die eine Zehntelmillimeterablesung ermöglicht.

Das von *Fahraeus*[1,2], *Nathan-Herold*[3] u. a. für die Senkungsgeschwindigkeit angenommene Maß, die Plasmahöhe nach einstündigem Reaktionsverlauf, auch für die Rinderblutkörperchen anzuwenden, ist zwecklos, wie aus nachstehendem Versuch hervorgeht.

	Plasmahöhe in mm nach Std.		
	1 St.	2 St.	24 St.
Kuh 485 8 Uhr morgens	1,2	1,6	12,0
Kuh 485 8 Uhr morgens des nächsten Tages	1,1	1,5	6,8

Der Reaktionsverlauf ist im 2. Falle sehr langsam vor sich gegangen, die 1- und 2-Stundenwerte zeigen das aber nicht an. Da sich der 1-Stundenwert beim Menschenblut in 2 Stunden, der 24-Stundenwert beim Rinderblut aber erst nach 48 und mehr Stunden verdoppelt, wurde die nach 24 Stunden erreichte Plasmahöhe = 100 gesetzt und alle anderen Messungsergebnisse in Prozent des 24-Stundenwertes ausgedrückt.

Damit war eine geeignete Arbeitsweise auf der Basis der Untersuchungsmethode nach *Linzenmeier* für die Bestimmung des Suspensionsstabilität der Rindererythrocyten geschaffen.

b) Die Beeinflussung der Suspensionsstabilität der Rindererythrozyten durch
gerinnungshemmende Zusätze.

Untersuchungen von *Meltzer* und *Welch*[4] haben den Beweis erbracht, daß Defibrinieren tiefgreifende Veränderungen der Erythrocytenoberfläche nach sich zieht, den Strom der roten Blutkörperchen mechanisch zerstört[5], zugleich aber durch Übertritt von Hämoglobin in das Blutserum eine Konzentrationsänderung desselben zur Folge hat. Da

---

[1] *Fahraeus*, Abderhalden, Handbuch der biologischen Arbeitsmethoden. Abt. IV, Tl. 3, H. 2.

[2] *Fahraeus*, Biochem. Z. **86** (1918).

[3] *Nathan-Herold*, Berl. klin. Wschr. **1921**, Nr 24.

[4] Zit. nach *Berczeller-Wastl*, Biochem. Z. **143**, H. 3/4 (1923).

[5] *Hansmann*, Beiträge zur Senkungsgeschwindigkeit bei Pferden. Inaug.-Diss. Leipzig 1924.

also Suspensionsmittel und Sedimentationsmaterial ihre normale Beschaffenheit verlieren, muß beim defibrinierten Blut eine Reaktionsänderung eintreten. An sich wäre es möglich, die Füllung der Röhrchen sofort nach der Blutentnahme im Stall vorzunehmen und die

Die Beeinflussung der Suspensionsstabilität der Erythrocyten durch Novirudin.

Nach	Normales Citratblut %	Novirudincitratblut %	Normales Citratblut %	Novirudincitratblut %
	I.		II.	
1 St.	10,00	7,50	9,48	8,62
2 ,,	13,33	10,83	12,93	12,07
3 ,,	18,32	16,67	17,24	14,65
6 ,,	29,16	25,00	29,24	24,14
12 ,,	55,01	55,01	58,62	52,59
24 ,,	100,00	*100,00*	112,06	*100,00*
36 ,,	152,50	146,67	168,10	155,18
48 ,,	189,60	183,33	206,90	189,65
60 ,,	225,00	216,67	234,98	220,60
72 ,,	245,82	236,66	263,80	244,81
84 ,,	264,17	260,81	281,00	258,60
96 ,,	275,00	279,83	294,81	275,85
	III.		IV.	
1 St.	7,57	7,57	11,36	7,57
2 ,,	12,83	15,90	15,15	15,90
3 ,,	16,66	19,70	18,90	19,70
6 ,,	31,82	33,33	36,36	33,33
12 ,,	62,12	57,57	66,67	57,57
24 ,,	115,14	*100,00*	117,43	*100,00*
36 ,,	160,60	145,45	174,98	145,45
48 ,,,	195,46	176,51	204,54	176,51
60 ,,	221,21	205,30	234,85	205,30
72 ,,	236,36	224,24	250,00	224,44
84 ,,	251,51	237,89	262,90	237,89
96 ,,	259,88	254,55	272,73	254,55
	V.		VI.	
1 St.	13,64	13,64	13,64	10,00
2 ,,	19,09	16,36	17,27	14,55
3 ,,	31,82	19,09	20,00	18,18
6 ,,	37,26	31,82	31,82	28,18
12 ,,	62,73	60,91	68,18	61,82
24 ,,	104,55	*100,00*	105,46	*100,00*
36 ,,	153,64	150,00	159,10	148,19
48 ,,	186,36	180,90	192,75	172,74
60 ,,	222,72	204,05	228,20	200,00
72 ,,	247,27	240,90	253,62	229,10
84 ,,	272,72	260,90	277,29	254 ,52
96 ,,	286,40	275,46	287,29	268,19

(*Fortsetzung.*)

Nach	Normales Citratblut %	Novirudincitratblut %	Normales Citratblut %	Novirudincitratblut %
	VII.		VIII.	
1 St.	14,29	12,38	10,91	13,64
2 „	19,05	19,05	21,82	22,73
3 „	23,81	22,86	28,18	27,27
6 „	38,18	37,06	42,73	38,18
12 „	62,86	58,09	67,27	57,27
24 „	114,29	*100,00*	112,71	*100,00*
36 „	166,67	138,10	154,55	134,54
48 „	215,24	170,74	199,10	164,55
60 „	235,22	196,20	222,71	186,35
72 „	252,40	214,30	234,55	222,71
84 „	266,70	242,85	258,19	242,72
96 „	271,41	257,14	268,19	257,28
	IX.		X.	
1 St.	10,83	10,83	10,00	10,00
2 „	13,33	15,00	15,00	15,00
3 „	20,00	20,83	18,00	19,00
6 „	33,34	33,34	32,00	32,00
12 „	50,83	54,17	55,00	50,00
24 „	91,67	*100,00*	101,00	*100,00*
36 „	138,33	146,66	155,00	152,00
48 „	172,50	178,34	201,00	190,00
60 „	204,17	205,84	243,00	230,00
72 „	227,50	225,00	266,00	255,00
84 „	246,67	241,67	288,00	270,00
96 „	256,67	246,67	298,00	290,00

Nach	Normales Citratblut			Differenzen	Novirudincitratblut		
	Minimum %	Mittel %	Maximum %	Mittel %	Minimum %	Mittel %	Maximum %
1 St.	7,57	11,54	17,27	0,89	7,50	10,65	14,55
2 „	12,88	15,99	21,82	0,25	10,83	15,74	22,73
3 „	16,66	21,93	31,82	2,13	14,65	19,80	27,27
6 „	29,16	34,19	42,73	2,43	24,14	31,76	38,18
12 „	50,83	60,93	68,18	4,47	54,17	56,46	61,82
24 „	91,67	107,43	117,43	7,43		*100,00*	
36 „	138,33	152,64	174,98	3,32	134,55	149,32	176,51
48 „	186,36	196,35	215,24	18,05	164,55	178,30	190,00
60 „	204,15	228,10	243,98	21,03	186,35	207,07	230,00
72 „	227,50	247,73	266,00	18,01	214,30	229,72	255,00
84 „	246,67	266,92	288,00	16,13	237,89	250,79	270,00
96 „	256,67	277,04	298,00	20,99	246,67	256,05	290,00

Gerinnung durch Verdünnung mit Natriumcitrat allein aufzuheben. Die späteren Untersuchungen zeigen aber, daß Novirudin- bzw. Hirudincitratblut eine größere Gleichmäßigkeit als Natriumcitratblut ergibt, weshalb wir uns zum Versetzen des Blutes mit einem der Präparate entschlossen, zumal im Laboratorium exakter gearbeitet werden kann und geringere Temperaturunterschiede als im Stall auftreten.

Aus der Tabelle auf Seite 690 ist der Senkungsverlauf der Erythrocyten aus 10 Blutproben (Entnahme 11 Uhr) desselben Tieres von aufeinanderfolgenden Tagen zu ersehen. Um einen Gesamtüberblick über das Wesen der Senkungsreaktion zu bekommen, wurde die Kontrolle auf 96 Stunden ausgedehnt. Als Vergleichsbasis dienten aus den schon genannten Gründen die 24-Stundenwerte des Novirudincitratblutes.

Aus den Versuchen geht deutlich ein die Senkung verzögernder Einfluß des Novirudins hervor, der der Reaktionsdauer direkt proportional ist. Es ist jedoch unmöglich, eine Gesetzmäßigkeit bzw. einen Umrechnungsfaktor festzulegen. Da alle Versuche unter stets gleichbleibenden Untersuchungsbedingungen durchgeführt wurden, bleibt der Verzögerungsgrad für alle Proben konstant. Er kann daher bei einem Vergleich der Ergebnisse untereinander unberücksichtigt bleiben.

c) Die Veränderung der Suspensionsstabilität durch Plasmaverdunstung und Untersuchungstemperatur.

Die beobachtete Verdunstung des Plasmas bei den offenen Röhrchen der Makromethode gab Veranlassung dazu, einige Versuche nach der bekannten Weise durchzuführen. Es wurden je 2 Röhrchen mit normalem Citratblut und Novirudincitratblut beschickt, sie blieben unverschlossen, und zum Vergleich wurden je 2 verschlossene Röhrchen (mit Novirudincitratblut gefüllt) angesetzt.

Die theoretisch zu erwartende Verlangsamung des Senkungsverlaufes durch Erhöhung der Plasmaviscosität trat nicht ein, denn aus nachstehenden Tabellen ist deutlich eine Beschleunigung in den unverschlossenen Röhrchen (mit Novirudincitratblut beschickt) zu ersehen. Weiterhin ist zu beobachten, daß dem Viscositätsgrad des Plasmas anscheinend eine größere Bedeutung hinsichtlich seines Einflusses auf den Reaktionsverlauf zukommt als dem Novirudin. Hiermit stimmen die vorliegenden Versuchsergebnisse mit den Forschungen von *Löhr*[1] entgegen den Berichten anderer Autoren überein. Das Versuchsergebnis gab Veranlassung, bei den Hauptuntersuchungen nur mit verschlossenen Röhrchen zu arbeiten, zumal sich die Verdunstungsmenge bei Temperatur- und Luftfeuchtigkeitsschwankungen

---

[1] *Löhr.* Z. exper. Med. **31** (1923).

Der Einfluß der Verdunstung auf die Suspensionsstabilität im Novirudincitratblut.

Nach	Normales Citratblut %	Novirudin-citratblut %	Novirudin-citratblut-ver-schlossen %	Normales Citratblut %	Novirudin-citratblut %	Novirudin-citratblut ver-schlossen %
			I.			**II.**
1 St.	12,50	8,33	7,50	12,07	9,48	8,62
2 „	16,67	12,50	10,83	13,79	13,79	12,07
3 „	20,83	18,32	16,67	17,24	17,24	14,65
6 „	33,34	29,16	25,00	28,45	29,24	24,14
12 „	65,00	56,67	55,01	60,34	57,76	52,59
24 „	116,67	101,67	*100,00*	129,30	109,48	*100,00*
36 „	177,50	152,50	146,67	168,98	159,50	155,18
48 „	215,00	186,57	183, 33	204,30	203,45	189,65
60 „	245,82	218,34	216,67	238,80	235,32	220,60
72 „	268,34	245,82	236,66	258,60	254,30	244,81
84 „	289,92	270,83	260,81	280,20	271,55	258,60
96 „	291,67	279,67	270,83	293,10	290,50	275,85
Verdunstung	46,67	46,67		49,14	49,14	
			III.			**IV.**
1 St.	7,57	7,57	7,57	7,57	7,57	7,57
2 „	18,18	17,42	15,90	17,42	15,15	15,90
3 „	22,72	21,97	19,70	21,97	18,90	19,70
6 „	37,88	33,33	33,33	36,36	31,82	33,33
12 „	65,15	56,82	57,57	65,15	56,06	57,57
24 „	111,40	106,06	*100,00*	118,18	99,24	*100,00*
36 „	156,82	143,94	145,45	164,40	140,90	145,45
48 „	193,18	174,24	176,51	201,40	175,76	176,51
60 „	225,76	212,11	200,30	229,56	209,10	205,30
72 „	242,43	234,81	224,24	244,70	231,82	224,44
84 „	259,88	250,00	237,89	263,64	244,70	237,89
96 „	271,21	265,16	254,55	272,73	261,36	254,55
Verdunstung	41,67	43,18		43,93	40,50	
			V.			**VI.**
1 St.	13,64	9,09	13,64	13,64	11,82	10,00
2 „	19,09	13,64	16,36	19,09	15,45	14,55
3 „	22,73	16,36	19,09	22,73	18,18	18,18
6 „	31,82	31,82	31,82	31,82	31,82	28,18
12 „	68,18	61,84	60,91	60,91	63,64	61,82
24 „	120,90	109,39	*100,00*	105,46	100,00	*100,00*
36 „	177,23	154,55	150,00	159,10	146,36	148,19
48 „	210,90	186,36	180,90	192,75	177,23	172,74
60 „	247,27	218,19	204,05	228,20	209,00	200,00
72 „	264,54	242,72	240,90	254,55	233,64	229,10
84 „	286,40	254,55	260,90	277,29	255,47	254,52
96 „	293,62	278,19	275,46	295,45	272,70	268,19
Verdunstung	46,36	45,45		47,27	47,27	

(*Fortsetzung*).

Nach	Normales Citratblut	Novirudin-citratblut	Novirudin-citratblut ver-schlossen	Normales Citratblut	Novirudin-citratblut	Novirudin-citratblut ver-schlossen
	%	%	%	%	%	%
		VII.			VIII.	
1 St.	14,29	15,24	12,38	13,64	13,64	13,64
2 „	19,05	21,90	19,05	18,18	18,18	22,73
3 „	23,81	24,76	22,86	21,82	22,73	27,27
6 „	39,05	40,95	37,06	36,36	34,54	38,18
12 „	61,90	66,67	58,09	64,54	54,54	57,27
24 „	112,38	109,28	*100,00*	109,08	102,76	*100,00*
36 „	159,05	150,49	138,10	154,55	140,00	134,54
48 „	196,20	177,14	170,47	181,81	165,45	164,55
60 „	235,22	209,51	196,20	223,63	191,80	186,35
72 „	253,31	236,20	214,30	250,00	224,55	222,71
81 „	276,20	247,60	242,85	272,71	246,45	242,72
96 „	283,80	273,62	252,14	290,90	263,66	257,28
Verdunstung	47,62	47,62		46,36	45,45	

Nach	Normales Citratblut	Novirudin-citratblut	Novirudin-citratblut ver-schlossen
	%	%	%
		IX.	
1 St.	8,33	12,50	10,83
2 „	16,67	16,67	15,00
3 „	19,16	25,83	20,83
6 „	37,50	36,66	33,34
12 „	58,34	58,34	54,17
24 „	100,00	102,50	*100,00*
36 „	144,17	150,84	146,66
48 „	179,19	185,00	178,34
60 „	210,84	210,84	205,84
72 „	233,34	225,00	225,00
74 „	255,00	246,67	241,87
96 „	266,67	250,00	241,87
Verdunstung	43,33	42,50	

ändert, und somit die Untersuchungsbedingungen nicht erfaßbare Ungenauigkeiten aufweisen würden.

Die während der Nacht etwa 7—9 Stunden andauernde Temperaturerniedrigung um 3—4° im Laboratorium könnte von Einfluß auf den gesamten Senkungsverlauf sein. Wenn etwa dieser Rückgang eine starke Veränderung hervorzurufen vermag, hätten sämtliche Untersuchungen im Thermostaten vorgenommen werden müssen. Um das nachzuprüfen, wurden je 2 Proben bei $+ 3°$, $+ 20°$ und $+ 37°$ angesetzt und der Senkungsverlauf 48 Stunden lang beobachtet. Die Temperatur vermochte erst nach einer gewissen Zeit die Suspensionsstabilität zu beeinflussen. Die Wärme erhöhte, die Kälte verminderte die Senkungsgeschwindigkeit folgendermaßen:

$+ 1°$ ergab eine Beschleunigung von 0,08% pro Stunde,
$- 1°$ „ „ Verlangsamung „ 0,05% „ „

das sind in 9 Stunden $+ 0,72\%$ bzw. $- 0,46\%$.

Eine Zimmertemperaturerhöhung konnte durch Lüftung unterbunden werden, dagegen weichen infolge einer maximalen Temperaturerniedrigung von 4° in der Nacht die Endergebnisse um $- 1,70\%$ von ihrem wahren Wert ab. Dieser Fehler ist aber so geringfügig, daß er unberücksichtigt bleiben kann.

E. Die Bestimmung des spezifischen Gewichtes von Blut, Plasma und Serum.

Die Kenntnis der im I. Teil festgestellten Schwankungen der Bluttrockensubstanz und die Ansicht mehrerer Forscher[1]: der Senkungsvorgang unveränderlicher fester Körper in einer Flüssigkeit sei im wesentlichen unter anderem auch vom spezifischen Gewicht der suspendierten Partikelchen und vom spezifischen Gewicht der Flüssigkeit abhängig, gaben Veranlassung dazu, das spezifische Gewicht von Blut, Plasma und Serum zu bestimmen. Es besteht heute kein Zweifel darüber, daß eine restlose Trennung des Plasmas von den Erythrocyten nicht möglich ist, genau wie beim Waschen der roten Blutkörperchen in physiologischer Kochsalzlösung geringe NaCl-% in dem Sediment zurückbleiben, und daher mußte die spezifische Gewichtsbestimmung der Erythrocyten unterbleiben, obgleich sie vielleicht die besten Anhaltspunkte für die Variabilität des Senkungsverlaufes geben könnte.

Bei der Auswahl der Methodik war zu entscheiden, ob aräometrisch oder pyknometrisch gearbeitet werden sollte. Die zuerst von *Roy*[2] angegebene und von *Hammerschlag*[3] verbesserte indirekte aräometrische Methode, durch Konzentrationsänderung eines Chloroform-Benzolgemisches das spezifische Gewicht eines darin schwimmenden Bluttropfens zu bestimmen, zeigte insofern einen Nachteil, als eine vollkommene Durchmischung in allen Schichthöhen fast nie gelang, wenn

---

[1] Nach *Rölfing*, l. c. 688.
[2] *Roy*, Note on a method of measuring the spezific gravity of the blood for clinical use. Proc. physiol. Soc. **1884**.
[3] *Hammerschlag*, Z. klin. Med. **1892**, H. 20.

die ursprüngliche Größe des Tropfens erhalten bleiben sollte. *Eijkmann*[1] schaltete diesen Fehler durch Verwendung verschieden gefärbter Salzlösungen, deren spezifisches Gewicht sich nur um 0,0002 voneinander unterscheidet, aus. Diese Methodik ist aber ziemlich zeitraubend und dadurch umständlich, daß sämtliche Lösungen bei allen Versuchen die gleiche Temperatur aufweisen müssen. Auf Grund dieser Beobachtungen entschieden wir uns für die capillarpyknometrische Methode nach *Schmaltz*[2], deren Technik und Fehlerquellen in der Literatur[3, 4, 5] hinreichend beschrieben ist, so daß sich eine Wiedergabe an dieser Stelle erübrigt.

Von jeder einzelnen Probe wurden auch hier 4 Parallelbestimmungen vorgenommen, deren Endergebnisse nicht mehr als 0,0010 voneinander abweichen durften (andernfalls mußten 4 neue Versuche angesetzt werden), da diese Schwankung noch innerhalb der mittleren Fehlergrenze liegt. Frischblut fand keine Verwendung, denn dann würde die Wägung gerade während der Abkühlung des Blutes von Körper- auf Zimmertemperatur erfolgen. Die von *Arndt*[6, 7] angegebenen Fehlerquellen: a) Flüssigkeitsverlust beim Abwischen der Capillaren und b) raschere Verdunstung des Wassers als des Blutes bzw. Serums und Plasmas während der Wägung, konnten folgendermaßen behoben werden. Durch Ausziehen der Capillarenden machte sich nur noch ein Abwischen in der Längsrichtung der Glaswandung notwendig. Während einer maximalen Wägungsdauer von 1,5 Minuten konnte keine das Endergebnis beeinflussende H_2O-Verdunstung festgestellt werden. Nach vorschriftsgemäßer Trocknung der Capillaren wurden diese nur mit Pinzetten angefaßt. Die Trocknung und Wägung erfolgte auf hierzu angefertigten Aluminiumgestellen, die ein Minimum an Auflagefläche boten.

Veränderungen durch Hirudin- oder Novirudinzusätze konnten am spezifischen Gewicht des Blutes nicht festgestellt werden.

F. *Die Viscositätsbestimmung von Blut, Plasma und Serum.*

Eigene experimentelle Untersuchungen über die Fehlerquellen der verschiedenen Viscosimeter konnten aus naheliegenden Gründen

---

[1] *Eijkmann*, Pflügers Arch. 1895, Bd. 60.

[2] *Schmaltz*, Dtsch. Arch. klin. Med. **47** (1891).

[3] *Müller*, Abderhalden, Handbuch der biologischen Arbeitsmethoden. Ab. IV. Tl. 3. H. 1.

[4] *Domarus*, Methodik der Blutuntersuchungen. Berlin 1921.

[5] *Dillner*, Abh. Inst. Tierzucht. Leipzig **1928**, H. 17.

[6] *Arndt*, Das spezifische Gewicht des menschlichen Blutes und Blutserums. Inaug.-Diss. Berlin 1917.

[7] *Arndt*, Das spezifische Gewicht des menschlichen Blutes und Blutserums. Berl. klin. Wschr. **1921**, Nr 9.

nicht vorgenommen werden, so daß der Kritik von *Domarus*[1] über die einschlägigen Methoden hier kurz folgendes entnommen werden soll.

Die Apparate von *Hirsch* und *Beck, Determann, Hess, Münzer* und *Bloch* und *Kottmann* zeigen unter bestimmten extremen Verhältnissen erhebliche Differenzen in ihren Resultaten, die in prinzipiellen Mängeln der Konstruktionen, und zwar in der Auswahl der Triebkraft, ob Schwerkraft oder Druck, begründet liegen. Die Einwendung *Determanns*, bei den Apparaten besonders von *Hess* aber auch von *Hirsch* und *Beck* sowie *Münzer* und *Bloch* trete durch den von einem Gummiball ausgehenden Druck die physikalische Erscheinung der Turbulenz in Kraft, wodurch besonders bei stark viskösen Flüssigkeiten zu niedrige Werte angezeigt würden, kann schon allein durch das *Poiseuill*sche Gesetz widerlegt werden, das nur für große Druckdifferenzen bis herab zu einem treibenden Druck von 250 mm Hg gilt, während der *Hess*sche Apparat nur mit 65 mm Hg arbeitet. Beim *Determann*schen Apparat liegt eine der wichtigsten Fehlerquellen darin, daß die Schwerkraft der zu untersuchenden Flüssigkeit (und damit der Erdmagnetismus auf dieselbe) als alleinige Triebkraft Verwendung findet, die um so mehr vermindert wird, je mehr Flüssigkeit abgelaufen ist.

Auf Grund dieser Erfahrungen wurde für die vorliegenden Untersuchungen der *Hess*sche Apparat benutzt, zumal er den Vorteil großer Handlichkeit besitzt. Die Konstruktion und Arbeitsweise bedarf keiner näheren Erörterung, da sie in der einschlägigen Literatur hinreichend beschrieben ist. Übereinstimmend mit den Untersuchungen von *Kagan*[2] konnte beim Einarbeiten mit dem Apparat festgestellt werden, daß nur dann übereinstimmende Werte zu erzielen sind, wenn beim Ansaugen eine Kraft wirkt, die das Wasser in der entsprechenden Capillare binnen 2,5—3 Sekunden einen großen Teilstrich fortbewegen kann. Das Ablesen der Viscositätswerte erfolgte erst nach mehrmaligem Hin- und Herbewegen der Flüssigkeiten, um etwa auftretende Fehler durch erstmaliges Benetzen der Capillarwandung auszuschalten, und wenn *dann* 4 aufeinanderfolgende Bestimmungen gleiche Resultate lieferten. Wie die Untersuchungsergebnisse zeigen werden, traten auch hier, wie bei den anderen ermittelten Blutwerten, Differenzen auf, und wenn auch Temperaturunterschiede von 17—23° nach *Hess*[3] unberücksichtigt bleiben können, so wurde doch die jeweilige Lufttemperatur während der Untersuchung verzeichnet. Es stellte sich allerdings heraus, daß die Schwankungen nicht auf die gering-

---

[1] *Domarus*, l. c. 696.

[2] *Kagan*, Dtsch. Arch. klin. Med. **1911**, Nr 102.

[3] *Hess*, Münch. med. Wschr. **1907**, Nr 32 u. 45.

fügigen Temperaturänderungen zurückgeführt werden konnten. Vor jeder Untersuchungsreihe wurde der Apparat mit aqua dest. auf seine Genauigkeit geprüft, da etwaige Unterlassungssünden gegen die Reinigungsvorschriften die Ergebnisse stark beeinflussen können.

Ehe die eigentlichen Untersuchungen in Angriff genommen werden konnten, war noch der Einfluß von Hirudin bzw. Novirudinzusätzen auf die Blutviscosität zu prüfen. In 46 vergleichenden Versuchen zwischen frischem und Hirudinblut und 88 zwischen Frisch- und Novirudinblut konnten nachstehende Abweichungen festgestellt werden:

Hirudinblut Anzahl der Fälle in Prozent der Untersuchung	Abweichungen von der Viscosität von Frischblut	Novirudinblut Anzahl der Fälle in Prozent der Untersuchung	Hirudinblut Anzahl der Fälle in Prozent der Untersuchung	Abweichungen von der Viskosität von Frischblut	Novirudinblut Anzahl der Fälle in Prozent der Untersuchung
—	+ 0,7	1,1	8,7	+ 0,1	17,1
—	+ 0,6	1,1	17,4	± 0,0	16,0
—	+ 0,5	2,2	26,1	— 0,1	16,0
—	+ 0,4	5,6	19,5	— 0,2	6,8
2,2	+ 0,3	11,3	21,7	— 0,3	4,6
—	+ 0,2	13,6	4,4	— 0,4	4,6

Damit sind die Prüfungsbefunde *Henslers*[1], *Bences*[2] und *Determanns*[3, 4] nach denen Hirudin keine beeinflussende Wirkung auf die Viscosität haben soll, widerlegt. Während Hirudin eine Viscositätsverminderung als Tendenz anzeigt, verhält sich der Einfluß des Novirudins regellos. Wenn durch die Zusätze schon eine Schwankungsbreite von 0,7 bzw. 1,2 Viscositätsgraden (das sind etwa 16 bzw. 23%) der mittleren Blutviscosität bedingt wurde, so wäre es unverantwortlich, diese nicht zahlenmäßig erfaßbare Fehlerquelle in den Untersuchungsgang einzuschalten. Es kam daher nur Frischblut zur Untersuchung.

G. Die Eiweißbestimmung im Serum und Plasma.

Zur quantitativen Bestimmung von Eiweißkörpern stehen folgende 5 prinzipiell verschiedene Methoden zur Verfügung:

1. Die unmittelbare gravimetrische Bestimmung.
2. Die Mikromethode nach *Kjeldahl*, modifiziert nach *Bang*.
3. Die Berechnung auf Grund gesetzmäßiger quantitativ-chemischer Bindung zwischen Eiweißkörpern und gewissen Fällungsmitteln.

---

[1] *Hensler*, Der heutige Stand der Lehre von der Viscosität. Inaug.-Diss. Zürich 1908.

[2] *Bence*, Z. klin. Med. **1905**, Nr 58.

[3] *Determann*, Z. klin. Med. **1906**, Nr 59.

[4] *Determann*, Münch. med. Wschr. **1907**, Nr 23.

4. Die Berechnung auf Grund der Bestimmung gewisser optischer Eigenschaften, und zwar:

a) der Brechung (Refraktometrie und Interferometrie),
b) der Drehung (Polarimetrie),
c) der Beugung (Diaphanometrie),
d) der Trübung (Nephelometrie),
e) der Färbung (Colorimetrie).

5. Die kombinierte Viscosi-Refraktometrie.

Die Refraktion ist an Genauigkeit wie an Einfachheit der Technik und Handhabung allen obengenannten Methoden überlegen, sie wird daher auch als die souveräne Methode der Eiweißbestimmung bezeichnet. Eine zusammenfassende Darstellung der Refraktionsbestimmung und der Versuchsergebnisse vieler Forscher gibt *Reiss*[1], so daß hier darauf verzichtet werden kann.

Die Bestimmung des Gesamteiweißes in Serum und Plasma erfolgte mit dem Eintauchrefraktometer nach *Pulfrich* mit Temperierbad in Verbindung mit der *Reiss*schen Tabelle, aus der bei gegebenem Skalenteil sowohl der Brechungsindex als auch die Eiweißprozente sofort abzulesen sind. Die Methode liefert bei genauester Befolgung der Vorschriften fehlerfreie Resultate, wie auch *Starlinger* und *Hartl*[2] u. a. in großen Versuchreihen nachweisen konnten.

Bei hämatologischen Untersuchungen ist für die Exaktheit und Brauchbarkeit der Ergebnisse erste Vorbedingung, daß nur solche Untersuchungsmethoden in Anwendung gelangen, die eine sichere Arbeitsweise gewährleisten und die den speziellen Anforderungen angepaßt sind. Im vorstehenden Kapitel wurde aus diesem Grunde diejenige Methode aus den gebräuchlichsten Verfahren ausgewählt, die eine kritische Prüfung auf ihre Eignung zur Untersuchung der jeweiligen Bluteigenschaften des Rindes restlos bestand. Wie die Versuche gezeigt haben, standen den gestellten Forderungen im Arbeitsplan oft erhebliche Schwierigkeiten entgegen, deren Beseitigung durch Erstellung bzw. Modifizierung einzelner Methoden und durch Aneignung einer einwandfreien Untersuchungstechnik erst gestattete, die Untersuchungen so durchführen zu können, daß deren Resultate einen umfassenden kritischen Beitrag zu dem Problem „Konstitution und Leistung" und deren Beziehung zu einzelnen Bluteigenschaften gewährleisten. Die Untersuchungergebnisse in Kapitel 2 werden den Beweis erbringen, daß diese über 6 Monate andauernden Vorversuche nur zu berechtigt waren und aus dem Grunde so eingehend besprochen wurden,

---

[1] *Reiss*, Erg. inn. Med. **10** (1913).
[2] *Starlinger* und *Hartl*, Biochem. Z. **160** (1925).

um allen denen, die noch an eine Konstanz der hier untersuchten Bluteigenschaften im Einzelindividuum glauben sollten und daher, wie auch andere, die Endergebnisse der Arbeit anzweifeln könnten, gleich von vornherein einen Beleg dafür zu geben, daß die Untersuchungsmethodik und -technik vollkommen einwandfrei war und nicht, wie es so oft geschieht, für den Ausfall der Endergebnisse verantwortlich gemacht werden kann.

2. Kapitel.
Die Auswertung der Untersuchungsergebnisse.

Im vorliegenden Kapitel soll nicht allein das Verhalten einzelner Bluteigenschaften, sonderen deren Wert für die Konstitutionsbestimmung geprüft werden. Die Variabilität des *roten* Blutbildes und das Ausmaß derselben ist durch die Ergebnisse in Teil I der vorliegenden Arbeit zum Teil erwiesen, jedoch liegen über das Verhalten der verschiedenen Serum- und Plasmaeigenschaften des Rindes noch keine Ergebnisse vor. Für eine vorläufige Orientierung darüber, welche von den hier untersuchten Eigenschaften sich am konstantesten verhält, ist zunächst die Kenntnis der festgestellten maximalen Schwankungen während eines Tages bzw. innerhalb mehrerer Monate (aber zur gleichen Tageszeit) erforderlich. Hierdurch ist die Möglichkeit gegeben, den Grad des Reaktionsvermögens der einzelnen Konstitutionstypen beim Niederungs- und Höhenrind kennen zu lernen. Denn unter der Voraussetzung, daß ein gut konstitutionierter Organismus auf ihn treffende Umweltreize rasch antwortet, müßten die Schwankungsbreiten einzelner Blut-, Serum- oder Plasmaeigenschaften (wenn die letztgenannten sich auch als variabel erweisen) bei den Tieren mit feiner Konstitution erheblich größer ausfallen als bei solchen mit grober Konstitution. Dabei muß allerdings scharf unterschieden werden, welche von den betreffenden Eigenschaften primär und welche sekundär als Folgeerscheinung der primären Veränderung reagieren kann und muß. Außer dem Hämoglobingehalt und den Größenverhältnissen der Blutkörperchen scheint selbständig reaktionsfähig der Eiweißgehalt von Serum und Plasma zu sein, während Trockensubstanz, spezifisches Gewicht und Viscosität wahrscheinlich durch eine Konzentrationsänderung des Gesamtblutes sekundär verändert werden, die in einer Vermehrung bzw. Verminderung der Blutkörperchenzahl gekennzeichnet ist. Da hierdurch aber eine Verdickung bzw. Verdünnung der Gesamtflüssigkeit eintreten muß, ist anzunehmen, daß der Organismus einen regulatorischen Ausgleich durch zeitweise Resorption an Plasmaflüssigkeit im Zellgewebe schafft. Inwieweit solche Vorgänge an Hand der Untersuchungsbefunde nachgewiesen werden können, soll an anderer Stelle mitgeteilt werden.

A. Die maximalen Schwankungen verschiedener Blut-, Serum- und Plasmaeigenschaften.

Um eine objektive Beurteilung der Variabilität der einzelnen Eigenschaften zu ermöglichen, sind in nachstehender Tabelle die Schwankungsbreiten in Prozenten des Minimums jedes Blutwertes zusammengestellt. Denn ein Vergleich zwischen der Variabilität der Trockensubstanz und z. B. der Leukocytenanzahl würde, mit den absoluten Zahlen angestellt, geringe Differenzen anzeigen, obgleich gerade hier die Unterschiede (relativ betrachtet) erheblich sind, denn die Variationsbreite der Leukocytenzahl bewegt sich bei einer Tageskontrolle zwischen 95 und 207%, die der Bluttrockensubstanz dagegen unter 50% des Minimums.

Aus der Tabelle ist festzustellen, daß die oben ausgesprochene Annahme bezüglich des Reaktionsvermögens bei konstitutionell verschiedenen Tieren zuzutreffen scheint, denn 11 Bluteigenschaften von Nr. 515 und 14 Komponenten von Nr. 493 zeigen innerhalb mehrerer Monate aber zur gleichen Tageszeit unter dem Einfluß stets gleichbleibender Haltungs- und Ernährungsbedingungen eine größere Schwan-

Die maximalen Schwankungen verschiedener Blut-, Serum- und Plasmaeigenschaften, ausgedrückt in Prozent des Minimums.

| | a) bei einer Tageskontrolle | | | | b) innerhalb mehrerer Monate (Zeit der Entnahme 11 Uhr). | | | |
| | Niederungsrinder | | Höhenrinder | | Niederungsrinder | | Höhenrinder | |
	Nr. 485 grobe Konst.	Nr. 515 feine Konst.	Nr. 813 grobe Konst.	Nr. 493 feine Konst.	Nr. 485 grobe Konst.	Nr. 515 feine Konst.	Nr. 813 grobe Konst.	Nr. 493 feine Konst.
Erythrocytendicke . .	29,7	23,4	29,2	27,0	50,8	20,3	37,6	24,6
Erythrocytendurchmesser	8,3	10,1	9,7	5,1	9,1	7,1	7,3	4,6
Erythrocytenanzahl . .	34,5	65,3	47,0	66,1	24,9	70,4	33,8	37,3
Leukocytenanzahl . .	102,1	207,1	97,3	95,0	163,4	180,5	134,5	123,5
Bluttrockensubstanz. .	49,2	19,3	28,3	30,2	19,6	17,7	16,0	58,3
Hgl	42,6	42,5	33,3	43,6	30,9	35,8	20,3	27,9
Blut, spez. Gewicht .	1,27	1,81	1,70	1,90	1,76	1,50	1,47	1,72
Suspensionsstabilität .	123,5	56,4	92,7	105,2	40,3	71,3	20,7	78,2
Blut, Viscosität. . . .	31,4	23,5	30,6	18,2	16,7	30,6	5,0	30,8
Serum, Trockensunbst.	34,6	67,5	37,7	31,2	39,9	40,7	40,2	41,8
Serum, spez. Gewicht .	2,12	2,10	2,40	1,84	1,39	2,99	1,22	1,78
Serum, Viscosität . .	5,6	17,6	11,8	15,0	11,8	20,0	5,8	15,0
Serum, Eiweiß	18,6	17,3	22,9	16,3	18,4	16,3	10,0	29,6
Plasma, Trockensubst..	33,5	44,8	51,2	32,7	42,1	32,5	28,0	50,0
Plasma, spez. Gewicht.	2,59	1,53	2,66	1,72	1,13	1,87	1,96	1,99
Plasma, Viscosität . .	21,4	19,0	26,3	34,8	26,3	36,8	15,0	24,0
Plasma, Eiweiß . . .	17,5	17,3	18,3	11,5	15,1	15,9	5,3	19,6

kungsbreite als die betreffenden der gröberen Tiere. Ganz allgemein kann gesagt werden, daß die *Blut*eigenschaften der Niederungsrinder größeren und die *Serum*werte geringeren Schwankungen als die der Höhenrinder unterworfen sind.

Ehe die konstante aller untersuchten Komponenten festgestellt werden kann, ist der Einfluß des mittleren Fehlers auf die Ergebnisse zu prüfen. Bei den Zählungen und Messungen der Blutkörperchen beträgt der zweifache mittlere Fehler:

$$\begin{array}{ll}
\text{für die Erythrocytendicke} & \pm\,0,68\,\% \\
\text{„ den Erythrocytendurchmesser} & \pm\,1,0\ \% \\
\text{„ die Erythrocytenanzahl} & \pm\,1,8\ \%\ \text{und} \\
\text{„ die Leukocytenanzahl} & \pm\,4,6\ \%
\end{array}$$

Entsprechend den gestellten Anforderungen an die Untersuchungstechnik durften von 4 Parallelbestimmungen derselben Probe von Blut, Plasma und Serum Maximaldifferenzen von 0,15% in den berechneten Trockensubstanzwerten, 0,0010 bei den spezifischen Gewichtsbestimmungen und keine Abweichungen in dem Hämometerwert, dem Viscositätsgrad und der Refraktion auftreten. Berücksichtigt man die als möglich zugelassenen Fehlergrenzen, so verändern sich die Maximalschwankungen in der Tabelle praktisch überhaupt nicht. Ein Vergleich der auftretenden Maximalwerte im Serum und Plasma aller 4 Tiere untereinander läßt erkennen, daß das spezifische Gewicht des Plasmas mit 2,59% maximaler Schwankungsbreite die konstanteste, die Trockensubstanz des Serums die variabelste Eigenschaft darstellt. Im allgemeinen müssen die spezifischen Gewichte von Blut, Serum und Plasma als am wenigsten variabel bezeichnet werden, ihnen folgen der Erythrocytendurchmesser mit 10,1%, der Plasmaeiweißgehalt mit 19,6%, die Serumviscosität mit 20,0%, der Serumeiweißgehalt mit 29,6%, die Blutviscosität mit 31,4%, die Plasmaviscosität mit 36,8%, der Hgl-Gehalt mit 43,6%, die Erythrocytendicke mit 50,8%, die Plasmatrockensubstanz mit 51,2%, die Blut- und Serumtrockensubstanz mit 58,3 bzw. 67,5%, die Erythrocytenanzahl mit 70,4%, die Suspensionsstabilität mit 123,5% und zuletzt die Leukocytenanzahl mit 207,1% maximaler Variationsbreite aller 4 Tiere. Diese Maxima verteilen sich regellos auf Nr. 515 und 493, also wiederum die reaktionsfähigeren fein konstitutionierten Tiere, während Nr. 813 nur ein Maximun aufzuweisen hat. Das als grob konstitutionell zu bezeichnende Wilstermarschrind Nr. 485 zeigt innerhalb einer Tageskontrolle 3 Maximalwerte, und zwar in der Suspensionsstabilität der Erythrocyten, der Blutviscosität und dem spezifischen Gewicht des Plasmas. Es ist anzunehmen, daß diese Labilität auf die zur Zeit der Untersuchungen sehr weit vorgeschrittene Gravidität dieses Tieres zurückzuführen ist, denn gerade der Senkungsverlauf der roten Blutkörperchen erfuhr bei diesem

Tier durch fortschreitende Schwangerschaft eine erhebliche Veränderung, wie *Dillner* nachweisen konnte, und damit könnten im Zusammenhang mit der Variabilität des spezifischen Gewichtes des Plasmas die stark viscösen Abweichungen bei Nr. 485 eine Erklärung finden.

B. *Die relative mittlere Schwankungsbreite der Blut-, Serum- und Plasmawerte.*

Zur Beantwortung der schon früher aufgeworfenen Frage, welche von den hier untersuchten Blut-, Serum- und Plasmaeigenschaften als die konstanteste angesprochen werden kann, erachte ich die Berechnung des arithmetischen Mittels (trotz meiner Ansicht über dessen nur bedingten Wert) aus den Schwankungsbreiten aller Eigenschaften der 4 Tiere untereinander im vorliegenden Falle als eine notwendige Ergänzung. Denn die jeweilige Variabilität, nach der mittleren Schwankungsbreite der einzelnen Eigenschaften beurteilt, wird in ihren Ausmaßen bei ein und derselben Eigenschaft von individuellen Faktoren der Tiere abhängig sein, jedoch bei einem Vergleich *verschiedener* Blutkomponenten erhebliche Unterschiede erkennen lassen.

Die relativen mittleren Schwankungsbreiten der untersuchten Blutwerte im:

Gesamtblut %		Serum %		Plasma %	
Spez. Gewicht	1,64	Spez. Gewicht	1,98	Spez. Gewicht	1,93
Erythrocytendurchmesser	7,7	Viscosität	12,8	Eiweißgehalt	15,1
Viscosität	22,1	Eiweißgehalt	18,6	Viscosität	25,4
Trockensubstanz	29,8	Trockensubst.	41,7	Trockensubst.	39,3
Erythrocytendicke	30,3				
Hämoglobingehalt	34,6				
Erythrocytenanzahl	47,1				
Suspensionsstabilität	73,5				
Leukocytenanzahl	138,03				

Zunächst ist festzustellen, daß das spezifische Gewicht des Blutes die geringste, die Leukocytenanzahl die größte Variabilität aufweisen. Hieraus könnte gefolgert werden, daß sich die Leukocytenmenge den jeweiligen physiologischen Bedingungen im Organismus und den physikalischen Anforderungen in der Blutzusammensetzung am weitesten anzupassen scheint. Die geringfügige Veränderung des spezifischen Gewichtes ist vielleicht als ein Beweis dafür anzusehen, daß trotz chemischer Veränderungen von gewissen Einzelbestandteilen und trotz einer wechselnden Erythrocytenzahl und -größe die mit jedem Herzschlag zu fördernde Gesamtblutmengeneinheit gewichtsmäßig annähernd konstant erhalten wird, damit die Herzmuskeltätigkeit eine möglichst gleichbleibende Beanspruchung erfährt. Damit wäre aber gleichzeitig anzunehmen, daß dieser Ausgleich in einer geringfügigen Variabilität der Viscositätswerte erkennbar wird. Das ist jedoch nicht der Fall, denn die Blutviscosität zeigt eine Schwankungsbreite von 22,1% des Minimums, die des Plasmas sogar von 25,4%. Bemerkenswert ist weiterhin die ziemlich geringfügige Variabilität des Erythrocytendurchmessers von 7,7%, während die Erythrocytendicke eine Schwankungsbreite von 30,3% zeigt. Vielleicht sind hierfür die Haltungsbedingungen ausschlaggebend, denn da die Tiere bei Stallhaltung keine erhebliche Muskelarbeit zu leisten haben, wird wahrscheinlich die Milz als Spender bzw. Reservoir von kleinen Erythrocyten[1, 2, 3] nur in geringem Maße in Funktion treten müssen, und das nach den jeweiligen Sauerstoffverhältnissen der Stalluft wechselnde Oxydationsbedürfnis des Organismus kann infolge Änderung der Hämoglobinoberfläche zum größten Teil durch Quellung bzw. Schrumpfung der roten Blutkörperchen und durch eine relativ geringfügige Änderung der Erythrocytenanzahl befriedigt werden. Bei der Untersuchung der ev. bestehenden Wechselbeziehungen zwischen einzelnen Komponenten wird sich vielleicht auch die Variabilität des Trockensubstanz- und Eiweißgehaltes im Serum und Plasma erklären lassen.

Nach den vorstehenden Ausführungen ist in dem Verhalten der hier untersuchten chemisch-physikalischen Eigenschaften von Blut, Plasma und Serum sehr wohl eine Verschiedenartigkeit feststellbar, und man könnte an dieser Stelle folgende Frage aufwerfen:

Hat die Untersuchung der Variabilität der einzelnen Blutwerte Klarheit darüber geschaffen, welche von den geprüften Eigenschaften für die Beurteilung der Konstitution am geeignetsten erscheint?

Unter der Voraussetzung, daß der früher erwähnte Gedankengang (solche Eigenschaften im Untersuchungsgange zu erfassen, die möglichst geringen Schwankungen unterworfen sind) tatsächlich im Sinne des Wesens der Konstitution liegen sollte, so müßte auf Grund der ermittelten relativen Schwankungsbreiten das spezifische Gewicht von Blut, Serum und Plasma, der Erythrocytendurchmesser, die Viscosität des Serums und der Eiweißgehalt des Plasmas als wenig variabel und damit als geeignete Faktoren für die Konstitutionsbeurteilung am Blutbilde angesprochen werden. Das trifft jedoch nicht voll und ganz zu, denn wie ich schon auf Seite 655 erwähnte, müssen wir unter Konstitution nach den heutigen Erkenntnissen die der Rasse, dem Geschlecht und dem Alter gemäße zeitlich und individuell differente Körperverfassung verstehen, die in der Gesamtheit der Organisationsverhältnisse und in der besonderen Reaktionsweise des Einzelindividuums zum Ausdruck kommt. Hiermit wird das früher mitgeteilte Untersuchungsergebnis bestätigt, nämlich, daß Tiere mit

---

[1] *Scheunert-Krzywanek*, Pflügers Arch. **212**, H. 3 u. 4.

[2] *Scheunert-Krzywanek*, Pflügers Arch. **213**, H. 1 u. 2.

[3] *Scheunert-Krzywanek*, Pflügers Arch. **215**, H. 1 u. 2.

fester Konstitution infolge ihres höheren Reaktionsvermögens variablere Blutwerte aufweisen müssen als grob konstitutionierte. Damit ist aber gleichzeitig gesagt, daß eine sehr gering variierende Bluteigenschaft nicht unbedingt ein geeigneter *Beurteilungsfaktor für die Konstitution* sein muß, sehr wohl aber einer der vielen *Konstitutionsfaktoren* sein kann. Nur die Feststellung des Verhaltens möglichst vieler Konstitutionsfaktoren und der sie auslösenden Ursachen wird der in obenstehender Begriffsbestimmung liegenden Forderung gerecht, die individuelle Körperverfassung, die in der Gesamtheit des Organisationsverhältnisse zum Ausdruck kommt, zu erkennen. Und aus diesem Grunde soll hier vollkommen davon abgesehen werden, die Beobachtungen nur auf einzelne der vorliegenden Eigenschaften zu beschränken, sondern es soll auch weiterhin nur die Gesamtheit der herrschenden Verhältnisse im Gesamtblute bzw. seiner Einzelbestandteile im Auge behalten werden, da sonst die Gefahr naheliegt, etwaige Kompensationen verschiedener Merkmale zu übersehen.

C. Die ermittelten absoluten Blut-, Serum- und Plasmawerte.

a) Bei einer Tageskontrolle.

Die Prüfungsergebnisse in nachstehenden Tabellen sind als Tageskontrollen bezeichnet, tatsächlich sind sie aber innerhalb 48 Stunden gewonnen worden, da eine 13malige Blutentnahme von je 80 ccm Blut binnen 24 Stunden eine Blutverdünnung und damit eine Blutdruckänderung zur Folge haben könnte. Damit wäre aber der Wert der Untersuchungen illusorisch geworden, und so mußte aus rein physiologischen Erwägungen eine 4stündige Pause von einer Entnahme zur anderen eingeschaltet werden. Es gelangten daher stets 2 Höhenrinder bzw. 2 Niederungsrinder folgendermaßen zur Untersuchung (Seite 706—709):

Kuh 485	Blutentnahme um	8 Uhr	Kuh 485	Blutentnahme um	16 Uhr
„ 515	„	„ 10 „	„ 515	„	„ 18 „
„ 485 u. 515	„	„ 11 „	„ 485	„	„ 20 „
„ 485	„	„ 12 „	„ 515	„	„ 22 „
„ 515	„	„ 14 „		usw.	

Aus nachstehenden Tabellen geht unzweifelhaft eine mehr oder weniger große Labilität aller untersuchten Eigenschaften hervor. Die Angaben könnten dadurch vervollständigt werden, daß auch andere Tageskontrollen derselben Tiere mit angeführt werden, aber auch diese besagen genau dasselbe: Es ist weder ein gleichsinniges Verhalten einer oder mehrerer Eigenschaften bei den Tieren, die am gleichen Tage zur Untersuchung gelangten, feststellbar, noch decken sich die bei ein und demselben Tier an verschiedenen Tagen zur selben Tageszeit ermittelten Werte. Die Minima und Maxima treten regellos zu verschiedenen Tageszeiten auf, und bei einem Vergleich verschiedener Eigen-

Nr. 485

Zeit der Blutentnahme	8	10	11	12	14	16
Blut						
Erythrocytendickenmesser	1,932	2,088	1,97	2,028	1,908	1,888
Erythrocytendurchmesser .	6,257	6,148	6,061	6,09	6,062	6,163
Erythrocytenanzahl . . .	4,56	6,31	4,96	6,05	5,53	4,89
Leukocytenanzahl	5,76	7,44	9,2	6,04	6,56	5,24
Trockensubstanz	16,36	16,17	16,80	16,29	16,91	15,76
Hämoglobin	8,996	8,823	8,650	7,612	7,785	7,785
Spez. Gewicht	1,0371	1,0439	1,0440	1,0325	1,0370	1,0389
Suspensionsstabilit. n. 1 St.	8,54	9,43	10,42	11,44	11,05	12,95
„ „ 2 „	13,12	15,97	14,98	16,23	16,45	18,33
„ „ 3 „	18,93	21,33	20,64	20,68	21,75	26,05
„ „ 6 „	31,10	34,49	33,52	34,69	34,89	36,27
„ „ 24 „	100,00	100,00	100,00	100,00	100,00	100,00
Viscosität	3,95	3,50	3,85	4,00	3,75	3,90
Serum						
Trockensubstanz	9,09	9,35	7,00	8,68	7,76	7,34
Spez. Gewicht	1,0224	1,0263	1,0292	1,0230	1,0206	1,0237
Viscosität	1,80	2,00	1,75	1,90	2,00	1,85
Eiweißgehalt.	8,22	8,81	8,10	8,73	8,89	8,45
Plasma						
Trockensubstanz	9,59	9,54	8,15	8,56	9,94	9,76
Spez. Gewicht	1,0209	1,0261	1,0283	1,0207	1,0277	1,0250
Viscosität	2,20	2,45	1,50	2,40	2,45	2,15
Eiweißgehalt.	8,70	9,17	8,77	9,78	9,49	8,78

Nr. 515

Zeit der Blutentnahme	8	10	11	12	14	16
Blut						
Erythrocytendickenmesser	2,096	1,884	2,88	2,208	2,16	1,852
Erythrocytendurchmesser .	6,127	6,323	6,17	6,152	5,967	6,155
Erythrocytenanzahl . . .	6,26	7,12	5,73	5,73	5,14	6,37
Leukocytenanzahl	9,48	8,52	7,557	9,96	9,64	8,08
Trockensubstanz	16,89	17,68	16,73	18,56	15,99	17,46
Hämoglobin	8,996	8,996	7,958	10,380	10,034	9,342
Spez. Gewicht	1,0392	1,0352	1,0445	1,0447	1,0431	1,0407
Suspensionsstabilit. n. 1 St.	13,19	12,62	11,49	11,63	13,24	15,93
„ „ 2 „	18,82	19,00	16,68	17,44	17,67	21,49
„ „ 3 „	23,24	25,46	22,45	20,93	23,21	26,69
„ „ 6 „	39,74	35,64	43,50	31,40	37,44	44,66
„ „ 24 „	100,00	100,00	100,00	100,00	100,00	100,00
Viscosität	4,10	4,15	3,75	4,00	3,85	3,95
Serum						
Trockensubstanz	9,19	9,01	9,39	10,11	8,58	9,28
Spez. Gewicht	1,0251	1,0173	1,0234	1,0242	1,0250	1,0228
Viscosität	1,85	1,85	1,80	1,90	1,80	1,85
Eiweißgehalt.	8,46	8,57	8,41	8,67	8,10	8,58
Plasma						
Trockensubstanz	9,31	8,93	8,33	9,11	8,91	9,20
Spez. Gewicht	1,0236	1,0216	1,0252	1,0329	1,0240	1,0225
Viscosität	2,45	2,35	2,20	2,55	2,30	2,25
Eiweißgehalt.	9,16	9,24	8,65	9,61	8,56	8,98

Wilstermarsch.

18	20	22	24	2	4	6	Bemerkung.
2,124	1,984	1,872	1,904	1,864	1,78	2,108	Mikra
6,283	6,288	6,369	5,96	6,431	6,56	6,233	„
5,25	4,67	4,51	6,58	5,24	5,39	5,61	Mill.
7,64	3,92	8,88	11,36	7,8	7,2	8,24	Tausd.
17,15	17,02	15,73	16,25	16,79	15,59	17,02	%
8,650	7,958	8,131	7,439	8,131	7,958	8,823	g
1,0427	1,0416	1,0384	1,0353	1,0392	1,0428	1,0437	
8,79	8,45	12,66	11,76	11,37	10,16	8,45	%
13,67	13,39	16,80	17,26	15,98	14,06	13,46	%
17,77	18,29	22,28	21,99	19,02	16,41	17,69	%
31,80	31,70	35,63	34,94	32,02	32,81	31,96	%
100,00	100,00	100,00	100,00	100,00	100,00	100,00	%
3,60	3,50	3,60	3,70	3,50	3,50	3,65	
8,45	9,97	9,46	8,57	9,36	9,17	9,47	%
1,0270	1,0170	1,0252	1,0225	1,0258	1,0240	1,0250	
1,95	1,85	1,80	1,80	1,80	1,80	1,95	
8,80	8,56	8,46	8,29	8,31	8,10	8,19	%
9,84	9,42	10,47	9,27	8,81	8,65	8,95	%
1,0197	1,0260	1,0238	1,0268	1,0253	1,0245	1,0265	
2,30	2,15	2,15	2,15	2,15	2,20	2,40	
9,05	8,94	9,03	8,98	9,06	8,73	9,03	%

Angler.

18	20	22	24	2	4	6	Bemerkung.
2,232	2,15	2,316	2,264	2,164	2,252	1,916	Mikra
6,132	6,10	6,118	6,376	6,175	6,051	6,367	„
4,81	6,15	6,05	5,47	6,84	6,46	7,24	Mill.
10,76	8,43	5,677	7,774	8,678	8,57	8,16	Tausd.
14,53	17,06	18,58	17,82	18,33	17,99	17,54	%
8,823	8,650	9,688	9,169	10,034	9,169	8,304	g
1,0443	1,0438	1,0433	1,0411	1,0425	1,0408	1,0446	
11,76	10,52	10,94	13,60	8,99	10,49	10,84	%
14,89	14,40	14,00	16,93	17,48	17,48	18,96	%
22,58	22,38	22,49	22,36	24,39	23,08	22,00	%
39,00	40,60	42,91	44,32	34,80	30,77	41,08	%
100,00	100,00	100,00	100,00	100,00	100,00	100,00	%
4,10	4,15	4,25	3,80	4,15	3,80	3,85	
8,73	8,70	8,88	9,12	9,52	8,18	9,31	%
1,0250	1,0270	1,0290	1,0254	1,0283	1,0252	1,0186	
1,85	1,80	1,80	1,80	1,80	1,80	1,80	
8,26	8,34	8,52	8,21	8,57	8,25	8,22	%
9,51	9,30	9,50	9,71	8,35	8,42	9,12	%
1,0330	1,0320	1,0309	1,0308	1,0281	1,0304	1,0252	
2,30	2,25	2,30	2,20	2,25	2,15	2,35	
8,36	8,75	9,22	8,80	9,19	8,87	8,91	%

Nr. 813

Zeit der Blutentnahme	8	10	11	12	14	16
Blut						
Erythrocytendickenmesser	2,108	2,032	2,188	2,124	1,788	2,172
Erythrocytendurchmesser .	6,448	6,407	5,999	6,475	6,479	6,341
Erythrocytenanzahl . . .	5,28	6,72	6,15	6,33	6,76	7,26
Leukocytenanzahl	8,76	8,68	8,353	9,96	9,48	9,44
Trockensubstanz	17,14	17,38	18,08	17,91	17,29	15,84
Hämoglobin	9,342	9,342	10,034	10,207	10,034	10,207
Spez. Gewicht	1,0417	1,0412	1,0387	1,0518	1,0430	1,0437
Suspensionsstabilit. n. 1 St.	9,96	12,69	13,40	12,97	11,80	11,94
„ „ 2 „	15,77	19,07	19,76	20,40	17,31	16,83
„ „ 3 „	21,33	22,85	21,20	22,83	23,42	23,02
„ „ 6 „	38,18	36,49	37,86	33,83	35,13	34,07
„ „ 24 „	100,00	100,00	100,00	100,00	100,00	100,00
Viscosität	3,95	4,35	4,10	4,05	4,00	4,25
Serum						
Trockensubstanz	9,17	9,01	7,80	9,34	9,63	8,15
Spez. Gewicht	1,0236	1,0199	1,0229	1,0235	1,0251	1,0253
Viscosität	1,80	1,75	1,75	1,85	1,85	1,75
Eiweißgehalt	7,66	7,70	7,49	7,73	8,06	7,70
Plasma						
Trockensubstanz	7,76	9,74	8,09	7,99	8,45	8,36
Spez. Gewicht	1,0238	1,0222	1,0212	1,0232	1,0274	1,0252
Viscosität	2,15	2,20	2,20	2,25	2,20	2,20
Eiweißgehalt	7,88	8,54	8,22	7,83	8,36	8,19

Nr. 493

Zeit der Blutentnahme	8	10	11	12	14	16
Blut						
Erythrocytendickenmesser .	2,244	1,98	1,968	2,032	1,916	2,128
Erythrocytendurchmesser .	6,143	5,965	6,135	5,996	6,085	5,574
Erythrocytenanzahl . . .	6,33	3,95	5,27	4,92	5,01	4,71
Leukocytenanzahl	5,52	4,88	6,96	4,92	4,48	4,00
Trockensubstanz	15,63	16,49	16,08	17,15	16,26	18,55
Hämoglobin	7,785	8,304	7,785	7,785	8,304	7,439
Spez. Gewicht	1,0389	1,0349	1,0404	1,0368	1,0430	1,0463
Suspensionsstabilit. n. 1 St.	11,14	12,50	14,07	13,76	12,98	13,97
„ „ 2 „	18,07	16,67	21,15	19,44	18,13	17,57
„ „ 3 „	23,80	20,83	24,85	24,02	22,93	21,16
„ „ 6 „	37,36	38,33	38,20	39,33	36,03	32,97
„ „ 24 „	100,00	100,00	100,00	100,00	100,00	100,00
Viscosität	4,05	4,30	3,95	4,20	4,20	4,60
Serum						
Trockensubstanz	9,72	9,66	9,93	8,90	8,86	9,29
Spez. Gewicht	1,0248	1,0240	1,0255	1,0296	1,0257	1,0237
Viscosität	2,20	2,15	2,20	2,20	2,05	2,30
Eiweißgehalt	9,34	9,25	9,31	9,43	9,25	9,99
Plasma						
Trockensubstanz	9,49	10,18	8,64	9,55	10,32	10,88
Spez. Gewicht	1,0279	1,0244	1,0248	1,0285	1,0329	1,0290
Viscosität	2,75	2,50	2,80	2,80	2,50	2,95
Eiweißgehalt	9,43	9,44	9,73	9,85	9,80	10,37

Vogtländer.

18	20	22	24	2	4	6	Bemerkung.
1,780	2,1	2,244	2,18	2,3	2,176	1,908	Mikra
6,287	6,26	6,127	6,165	5,946	5,972	6,267	„
6,32	6,28	5,25	6,29	6,45	7,1	5,83	Mill.
8,56	8,63	8,895	8,642	5,605	6,364	10,28	Tausd.
18,60	17,51	17,11	17,93	16,97	17,68	19,36	%
8,996	9,342	9,342	9,515	8,650	9,342	9,861	g
1,0444	1,0434	1,0423	1,0455	1,0416	1,0406	1,0483	
16,37	14,42	11,57	12,52	15,38	10,32	9,64	%
25,19	21,41	19,90	23,54	21,93	13,97	13,79	%
27,04	32,04	26,31	25,90	23,90	16,18	17,98	%
43,90	40,41	39,80	39,42	42,94	31,62	26,42	%
100,00	100,00	100,00	100,00	100,00	100,00	100,00	%
4,20	3,80	3,75	4,20	3,80	4,10	4,10	
7,87	8,36	8,63	8,12	8,72	9,37	8,27	%
1,0238	1,0232	1,0226	1,0268	1,0180	1,0273	1,0210	
1,75	1,75	1,75	1,75	1,80	1,80	1,70	
7,87	7,65	7,49	7,93	7,69	7,97	7,87	%
8,33	8,85	9,25	8,33	9,02	8,45	8,41	%
1,0230	1,0261	1,0292	1,0228	1,0261	1,0288	1,0189	
2,25	2,10	2,10	2,15	2,10	2,10	2,15	
8,29	8,24	8,20	8,68	8,27	8,43	7,89	%

Schwyzer.

18	20	22	24	2	4	6	Bemerkung.
1,992	1,864	1,864	1,776	2,012	1,836	1,94	Mikra
6,039	6,207	6,158	6,175	6,101	6,202	5,999	„
4,71	5,66	3,81	4,87	6,42	6,09	5,02	Mill.
5,12	6,8	4,56	5,92	5,96	4,32	6,12	Tausd.
16,17	15,45	17,56	16,04	17,01	17,67	16,10	%
7,266	7,958	7,612	8,131	8,131	8,477	7,785	g
1,0353	1,0397	1,0430	1,0462	1,0435	1,0444	1,0398	
16,19	13,79	10,34	10,28	13,04	11,82	10,31	%
20,14	21,41	17,00	16,78	18,84	20,00	16,44	%
26,00	28,06	21,60	22,08	23,90	24,54	21,04	%
42,08	41,85	33,83	38,60	32,61	35,37	33,27	%
100,00	100,00	100,00	100,00	100,00	100,00	100,00	%
4,20	4,05	4,00	4,05	4,15	4,35	4,40	
9,41	9,11	9,26	8,91	9,33	8,95	10,01	%
1,0230	1,0248	1,0202	1,0300	1,0256	1,0288	1,0251	
2,15	2,10	2,10	2,10	2,10	2,10	2,15	
9,64	9,46	9,34	9,44	9,28	9,41	9,33	%
10,26	9,98	9,91	9,86	9,86	10,12	10,23	%
1,0268	1,0265	1,0269	1,0272	1,0306	1,0296	1,0250	
2,90	2,75	2,60	2,65	2,50	2,50	2,80	
10,18	10,15	9,66	10,10	9,90	9,78	9,95	%

schaften, die derselben Blutprobe angehören, steigt die eine, die andere fällt, und 2, 4 oder 8 Stunden später ist ein gleichzeitiges Steigen oder Fallen bemerkbar. Es ist unmöglich, irgendwelche gesetzmäßigen Abhängigkeiten einzelner oder mehrerer Komponenten aus den Tageskurven feststellen zu wollen. Trotz eingehender Prüfung verschiedener Umweltbedingungen, wie Stalltemperatur, Stalluftfeuchtigkeit, Luftdruck, Außentemperatur, relative Luftfeuchtigkeit der Atmosphäre, Fütterung, täglich produzierte Milchmenge ist es nicht möglich, eine hinreichende Erklärung für die auftretenden Schwankungen zu finden. Es könnte noch entgegnet werden, daß physische und psychische Momente, hervorgerufen durch die Blutentnahme als Ursache der Variabilität aller Eigenschaften anzusprechen sind. Auch das ist nicht der Fall, denn die Tiere wurden in der 6 Monate dauernden Vorversuchsperiode derart an die Blutentnahme gewöhnt, daß z. B. Nr. 485 nicht ein einziges Mal gehalten werden mußte, ja das Tier blieb oft liegen und käute wider, währenddem *eine* Person *allein* die Punktion der Vena jugularis vornahm.

Diese Untersuchungsbefunde sind insofern von weittragender Bedeutung, als die von *Alberti* erstmalig am roten Blutbilde des Rindes (an verschiedenen Bluteigenschaften des Pferdes und des Menschen auch von anderen Autoren) beobachteten täglichen Schwankungen nicht nur eine Bestätigung erfahren, sondern darüber hinaus einen kritischen Beitrag zur Bewertung der bisher in der Literatur vorliegenden Blutforschungsarbeiten und der daraus gezogenen Schlußfolgerungen auf die wechselseitigen Beziehungen zwischen Blutbild, Konstitution und Leistung geben. Die auf Grund der ermittelten Blutwerte von verschiedenen Autoren aufgestellten Hypothesen basieren zum größten Teil auf die Voraussetzung, daß der aus einer einzigen Blutprobe resultierende Untersuchungsbefund maßgebend für die Individualität des Blutes des betreffenden Tieres ist, und daß diese bei gleichbleibenden Haltungs- und Ernährungsbedingungen innerhalb einer Rasse, bei gleichaltrigen und in demselben Schwangerschaftsstadium stehenden Rindern konstant ist. Da diese Annahme nach den vorliegenden Untersuchungen nicht zutrifft, und nach der heutigen Auffassung über das Wesen der Konstitution auch nicht zutreffen kann, so wurde bei den vorliegenden Versuchen besonderer Wert darauf gelegt, möglichst viele Bluteigenschaften gleichzeitig zu prüfen, um die physiologischen Vorgänge in dem sich aus vielen Einzelkomponenten zusammensetzenden Konstitutionsfaktor „Gesamtblut" zu ergründen. Die Untersuchungsergebnisse haben den Beweis erbracht, daß mit Ausnahme des spezifischen Gewichtes von Blut, Serum und Plasma, bei dem die Schwankungen nur gering ausfallen, bei keiner der hier untersuchten Bluteigenschaften eine Konstanz besteht.

b) Das Verhalten der absoluten Blut-, Serum- und Plasmawerte innerhalb mehrerer Monate (Blutentnahme 11 Uhr).

Für diese Untersuchungsbefunde gilt das gleiche wie das im vorhergehenden Abschnitt Gesagte, nur noch im verstärkten Maße. Schon die Schwankungen von einem Tag zum anderen verhalten sich so regellos, daß zunächst keine Gesetzmäßigkeiten weder im Blute eines Tieres noch im Verhalten der Blutkomponenten aller 4 Tiere untereinander erkennbar sind. Aus diesem Grunde ist auch auf die Angabe dieser Untersuchungsergebnisse verzichtet worden, denn über die Größe der im Blute desselben Tieres auftretenden Schwankungen zur gleichen Tageszeit, jedoch an verschiedenen Tagen und Monaten, gibt die Zusammenstellung der Variationsbreiten in Prozenten des Minimums auf Seite 701 hinreichend Aufschluß.

D. Die individuelle Blutzusammensetzung.

Wenn auch keine Gesetzmäßigkeiten in den auftretenden absoluten Tagesschwankungen zunächst festgestellt werden konnten, so sind doch gewisse Unterschiede in den jeweils erreichten Größen der Eigenschaften bei den 4 Tieren erkennbar. Hieraus könnte geschlossen werden, daß die Blutzusammensetzung individuelle Merkmale aufweist, die sich vielleicht als konstitutionelle erweisen. Um das nachweisen zu können, sind die aus je 13 Blutentnahmen berechneten Tagesmittel in nachstehender Tabelle zusammengestellt. Die Tagesmittelwerte müssen für diese Darstellung herangezogen werden, da sie ein besseres Bild über die individuellen Verschiedenheiten als z. B. der 6-Uhrwert oder auch der von *Alberti* für einzelne Komponenten des roten Blutbildes vorgeschlagene 11-Uhrwert geben.

Im *Blute* zeigt die grob konstitutionierte Vogtländerkuh Nr. 813 von allen 4 Tieren die Maximalwerte bei folgenden Komponenten: Erythrocytendurchmesser, -anzahl, Leukocytenanzahl, Trockensubstanzgehalt, Hämoglobingehalt, spezifisches Gewicht und der Suspensionsstabilität nach 2stündigem Senkungsverlauf. Während das Schwyzerrind Nr. 493 mit feiner Konstitution im Durchmesser der roten Blutkörperchen, der Anzahl der Leuko- und Erythrocyten und dem Hämoglobingehalt die niedrigsten, nach 1 und 3stündigem Senkungsverlauf der Erythrocyten und in der Viscosität die höchsten Werte erreicht. Bei einem Vergleich der Bluteigenschaften der 2 Niederungsrinder trifft gerade das Gegenteil von dem soeben Gesagten zu. Das grobe Wilstermarschrind zeigt gegenüber der feinen Anglerkuh fast durchgängig niedrigere Blutwerte an. Aus den *Serum-* und *Plasma*mittelwerten dieser 2 Tiere läßt sich nicht die Gesetzmäßigkeit wie bei den Höhenrindern erkennen, bei denen Nr. 493 mit feiner Konstitution höhere Werte als das grob konstitutionierte Vogtländerrind Nr. 813

Blut

	Nr. 485	Nr. 515	Nr. 813	Nr. 493
Erythrocytendicke in Mikra	*1,958*	*2,185*	2,083	1,966
Erythrocytendurchmesser in Mikra .	6,223	6,176	*6,243*	*6,091*
Erythrocytenanzahl in Millionen . .	5,350	6,102	*6,310*	*5,180*
Leukocytenanzahl in Tausend . . .	7,330	8,571	*8,585*	*5,350*
Trockensubstanz in Prozent	*16,45*	17,32	*17,60*	16,62
Hämoglobingehalt in Gramm . . .	8,131	8,477	*9,515*	*7,785*
Spez. Gewicht	*1,0398*	1,0421	*1,0436*	1,0409
Suspensionsstabilität in Prozent des 24-Stunden-Wertes nach 1 St. . .	*10,42*	11,94	12,54	*12,63*
Suspensionsstabilität in Prozent des 24-Stunden-Wertes nach 2 St. . .	*15,36*	17,33	*19,14*	18,59
Suspensionsstabilität in Prozent des 24-Stunden-Wertes nach 3 St. . .	20,22	23,18	23,39	*23,45*
Suspensionsstabilität in Prozent des 24-Stunden-Wertes nach 6 St. . .	*33,52*	*38,91*	36,93	36,91
Suspensionsstabilität in Prozent des 24-Stunden-Wertes nach 24 St. .	100,00	100,00	100,00	100,00
Viscosität	*3,69*	3,99	4,05	*4,19*

Serum

	Nr. 485	Nr. 515	Nr. 813	Nr. 493
Trockensunstanz in Prozent	8,74	9,08	*8,65*	*9,33*
Spez. Gewicht	*1,0240*	1,0243	1,0233	*1,0254*
Viscosität	1,87	1,82	*1,77*	*2,15*
Eiweißgehalt in Prozent.	. 8,52	8,40	*7,75*	*9,42*

Plasma

	Nr. 485	Nr. 515	Nr. 813	Nr. 493
Trockensubstanz in Prozent	9,30	9,05	*8,84*	*9,94*
Spez. Gewicht	1,0247	*1,0277*	*1,0245*	*1,0277*
Viscosität	2,20	2,30	*2,17*	*2,69*
Eiweißgehalt in Prozent.	8,97	8,95	*8,23*	*9,87*

aufzuweisen hat. Auffällig ist auch hier, daß Nr. 813 mit Ausnahme des spezifischen Gewichtes des Serums die Minimal-, Nr. 493 die Maximalwerte aller 4 Tiere zeigt.

Diese Gegensätze lassen sich aus dem Alter der Tiere erklären, da Nr. 485 und 493 12 bzw. 11 Jahre alt sind; sie haben mit geringen Ausnahmen niedrigere Blut- und höhere Serum- und Plasmawerte als die 3 bzw. 4 Jahre alten Tiere 813 und 515. Somit lassen sich die individuellen Unterschiede wohl durch das verschiedene Alter erklären, sie können jedoch meines Erachtens nicht als ausgesprochene Konstitutionsindicatoren angesehen werden. Damit soll nicht etwa gesagt sein, daß eines der vielen physiologischen Konstitutionsmerkmale, die Widerstandsfähigkeit des Organismus, mit zunehmendem Alter nicht vermindert würde, es steht aber nach den vorstehenden Untersuchungsergebnissen fest, daß sich diese Veränderung am Blutbilde durch eine einzige Blutuntersuchung nicht einwandfrei nachweisen läßt, da gewisse Stundenwerte jedes einzelnen Tieres weit über und unter die Tagesmittel der anderen Versuchstiere transgredieren. Durch eine einmalige Blutentnahme ist demnach keine hinreichende Gewähr dafür gegeben, um die Individualität des Blutes eines Tieres sicher ermitteln und aus dem Untersuchungsbefund Rückschlüsse auf dessen Konstitution ziehen zu können.

Es sind weder typische Rassen- noch allgemein konstitutionelle Unterschiede im Blute dieser 4 Rinder feststellbar. Wenn die auftretenden Verschiedenheiten im Blutbilde auf die Altersunterschiede zurückgeführt und damit etwa die konstitutionelle Minderwertigkeit älterer Tiere als erwiesen betrachtet werden sollte, so muß dem entgegengehalten werden, daß sich derartige Veränderungen auch im Habitus kenntlich machen müssen. Ist das nicht der Fall, dann müßten die Grundlagen unserer tierzüchterischen, veterinär- und humanmedizinischen Beurteilungsmethoden als unzutreffend bezeichnet werden. Ohne dogmatisch zu denken, ist das letztere kaum möglich, denn es liegen zu viel Beweise für die engen Beziehungen zwischen Konstitution und Habitus bzw. anatomischen Verhältnissen vor.

E. Konstitution und Kondition in ihrer Bedeutung für die Konstitutionsforschung an Hand des Blutbildes.

Da die auftretenden Tagesschwankungen keinen Gesetzmäßigkeiten unterworfen sind, also die Überschreitung des Tagesmittels einer oder mehrerer Blut-, Serum- oder Plasmaeigenschaften zu ganz beliebigen Zeiten erfolgt, und auch die Eigenschaften in Blutproben, die wohl zur gleichen Tageszeit, jedoch an aufeinanderfolgenden Tagen oder Wochen entnommen sind, sich keinesfalls als konstant erwiesen haben, besteht meines Erachtens kein Zweifel darüber, daß das Konstitutionsproblem durch die Blutuntersuchung *allein* keine Lösung finden kann. Denn die hohe Labilität des roten Blutbildes, bedingt durch sein weitgehendes Anpassungsvermögen, das schon *Böttger* einwandfrei nachweisen konnte, sowie die anscheinend durch regulatorische Funktionen sehr wechselnde chemisch-physikalische Beschaffenheit von Serum und Plasma lassen ein Urteil über den konstitutionellen Wert eines Individuums nur unter ganz bestimmten Voraussetzungen zu. Da die Untersuchungsbefunde trotz Schaffung gleichbleibender Haltungs- und Ernährungsbedingungen zu verschiedenen Zeiten verschieden ausfielen, so ist anzunehmen, daß durch Änderung der Lebenslage noch besser erkennbare Ausschläge der einen oder anderen Eigenschaft nach der positiven oder negativen Seite hin als eine notwendige physiologische Antwort des Organismus auftreten. In diesem im Sinne der Konstitution liegenden mehr oder weniger starken Reaktionsvermögen könnte, wenn dessen Intensitätsgrad an der Größe der auftretenden Schwankungen einzelner Blutwerte gemessen wird, nach den in der vorliegenden Arbeit gemachten Erfahrungen zahlenmäßig der konstitutionelle Wert unserer Haustiere als ein individuelles Merkmal gekennzeichnet werden.

Wir dürfen dabei aber nicht übersehen, daß diese Versuchsanstellung nur indirekt die individuell verschiedenartige Konstitution zu kennzeichnen vermag, dann das, was absolut untersucht werden soll, ist zum größten Teil die Probe darauf, wie schnell oder langsam sich einzelne Tiere in eine andere *Kondition* umstellen lassen. Insofern muß ich nachstehenden Worten *Böttgers* beipflichten:

„Feststellbare individuelle Unterschiede nach Richtung der leichteren oder schwereren bzw. schnelleren oder langsameren Erzielung einer bestimmten „Kondition", die bedingt werden durch den funktionellen Zustand, den Grad der Reaktionsfähigkeit einer mehr oder weniger großen Anzahl von Organen auf die vorhandenen Umweltbedingungen, die also Leistungsergebnisse darstellen, werden zweifellos mehr oder weniger mit als Maßstab der vorhandenen Gesamtkonstitution herangezogen werden können."

Nach den vorliegenden Ergebnissen kann die Ansicht *Böttgers*: „Sollen sich also die praktischen Erwartungen erfüllen, daß durch Messung und Berechnung der Blutausrüstung vielleicht ein wirksames Mittel zur individuellen Auslese gefunden ist (*Götze*), so müßte der Tierzuchtbetriebsleiter sich mit großem Fleiß bemühen, die Bedingungen gleicher Umweltfaktoren für seine zum Vergleich stehenden, gesunden Tiere von Jugend auf bestmöglichst zu erfüllen ...", nur teilweise bestätigt werden. Aus den Untersuchungsbefunden im II. Teil, 2. Kapitel geht einwandfrei hervor, daß die Erstellung gleichbleibender Umweltfaktoren nicht ausreicht, um das Reaktionsvermögen im Organismus hinreichend sicher beurteilen zu können. Der Untersuchungsgang muß vielmehr als ein Periodenversuch aufgezogen sein, wie bei den Arbeiten von *Scheunert* und *Böttger*, wo zunächst das Blutbild des Versuchsmaterials in einer Periode normaler Lebensbedingungen untersucht wurde, daraufhin extreme Haltungsbedingungen gestellt, deren Einfluß auf das Blutbild geprüft, und zuletzt die Umstellung aus den extremen wieder in die normalen Bedingungen (wie in der 1. Periode) am Blute festgestellt wurden. Bei der Auswertung der auf diese Art gewonnenen Ergebnisse werden das Einsetzen der nachgewiesenen Reaktionen, deren weiterer Verlauf und die erreichten Maximalwerte wichtige Anhaltspunkte für eine individuelle Charakterisierung des konstitutionellen Wertes der einzelnen Versuchstiere bieten. Daß selbstverständlich in der Veränderung der Blutwerte physiologische Grenzen nach oben und unten vorliegen müssen, bedarf wohl keiner besonderen Erwähnung. Auch bei dem vorliegenden Versuchsmaterial konnten bei einem Vergleich der erreichten Extreme bei einzelnen Eigenschaften sehr ähnliche, oft auch gleichhohe Maximal- bzw. Minimalwerte bei allen 4 Tieren festgestellt werden. Dieser Beobachtung wurde aber aus dem Grunde keine besondere Bedeutung beigelegt, weil kaum angenommen werden kann, daß unter den diesen Tieren gestellten, als normal zu bezeichnenden Lebens- und Haltungsbedingungen überhaupt die möglichen Grenzfälle in Erscheinung getreten sind.

Ob von den hier zur Untersuchung gelangten Eigenschaften bei kommenden Versuchen einige unberücksichtigt bleiben können, maße ich mir zunächst nicht an, zu entscheiden, da erst Untersuchungsbefunde aus Periodenversuchen, also unter extremen Verhältnissen gewonnenes Material vorliegen muß, um ein sicheres Urteil über die wechselseitigen Beziehungen der einzelnen Komponenten abgeben zu können, da derartige Korrelationen wohl von vielen Autoren vermutet, an einzelnen Eigenschaften auch teilweise beobachtet, bisher aber noch nie von verschiedenen Forschern einstimmig positiv nachgewiesen worden sind.

Damit komme ich zum Schluß. Es muß zugegeben werden, daß trotz des groß angelegten Arbeitsplanes viele Fragen über die Zusammenhänge zwischen Blutbild und Konstitution einerseits und über die besonderen physiologischen Bedingungen der Individualität des Blutes bzw. der Blutkonstitution andererseits nicht restlos geklärt werden konnten. Unter dieser Voraussetzung war die Arbeit aber auch nicht aufgenommen worden, denn es mußte von vornherein erkannt werden, daß trotz der schon recht umfangreichen Arbeiten, die über den hier zur Diskussion stehenden Fragenkomplex bisher vorliegen, Neuland insofern beschritten wurde, als erstmalig von je einer Blutprobe 18 Eigenschaften zur Untersuchung gelangten, von deren Verhalten im tierischen Organismus teilweise nur recht wenig oder gar nichts bekannt war. Aus diesem Grunde konnten zunächst keine extremen Versuchsbedingungen gestellt werden, ehe nicht die Norm, die, wie die Untersuchungsbefunde gezeigt haben, überhaupt nur sehr schwer oder gar nicht erkennbar ist, bekannt war. Wenn gerade deshalb oft nur hypothetische Erwägungen angestellt werden mußten, so möge das mit den Worten des bekannten Groninger Biologen *H. J. Hamburger*[1] entschuldigt werden:

„Besser noch eine gewagte Hypothese, auch wenn sie nur Arbeitshypothese ist, als ein stillschweigendes Beruhen in Unkenntnis. Erstere regt zu weiteren Untersuchungen an; das zweite aber fördert die Wissenschaft nicht."

Zu weiteren *wissenschaftlichen* Untersuchungen, glaube ich, liegt auf Grund dieser Ergebnisse wohl ein Anlaß vor. Leider muß aber auch gesagt werden, daß auf Grund der Untersuchungsbefunde für die

---

[1] *Hamburger*, Die osmotische Druck- und Ionenlehre **1**, 394.

praktische Tierzüchtung zunächst nur insofern ein Fortschritt erreicht ist, als einwandfrei nachgewiesen werden konnte, daß die Blutuntersuchung zur Zeit noch nicht als ein geeigneter, für die Praxis verwertbarer Beurteilungsfaktor für die Konstitution und Leistungsfähigkeit unserer Tiere bezeichnet werden kann, und daß mit der Beurteilung des Blutbefundes sehr vorsichtig zu Werke gegangen werden muß, um kein falsches Bild entstehen zu lassen. Das nur zu leicht teils durch zu wenig umfangreiches Untersuchungsmaterial, teils durch die Versuchsanstellung und die damit nicht bekannte hohe Labilität der Blutwerte, vielleicht auch noch durch die jeweilige Art der Darstellung oder Verarbeitung des Zahlenmaterials Fehlschlüsse gezogen werden können und gezogen worden sind, bedarf eigentlich keiner besonderen Erwähnung mehr.

Den Weg, der wieder und weiter beschritten werden muß, glaube ich gezeigt zu haben, denn eine langjährige züchterische Erfahrung lehrt ja, daß Änderungen der Umweltfaktoren im Organismus wohl individuelle, so doch jederzeit erkennbare Modifikationen und Somationen hervorrufen, so daß sich dieser in einer neuen *Kondition* präsentiert. Wenn also morphologische Abweichungen in Erscheinung treten, so müssen sich diese auch physiologisch und damit in erster Linie im Blutbilde kenntlich machen. Der *Grad der Auswirkungen* wird aber von der individuellen *Konstitution* des betreffenden Organismus abhängig sein, die im *Genotyp verankert*, mehr *biologisch-physiologisch* zu werten ist, so daß durch die *chemisch-physiologische* und *chemisch-physikalische Blutuntersuchung* nur die durch *konstitutionelle Veranlagung* bedingten *erreichbaren konditionellen Veränderungen* kenntlich gemacht werden können.

F. Untersuchungen über einige physiologische Korrelationen im Gesamtblut.

Schon mehrmals mußte darauf hingewiesen werden, daß die mehr oder weniger stark auftretende Labilität der Blut-, Serum- und Plasmawerte höchstwahrscheinlich auf gewisse Abhängigkeiten einzelner Eigenschaften untereinander zurückzuführen sei. In Teil II, Kapitel 2 wurden als selbständige, also primär den jeweiligen allgemein physiologischen Anforderungen des gesamten Organismus sich anpassende Regulatoren der Hämoglobingehalt, die Größen- und Mengenverhältnisse der geformten Bestandteile des Blutes und der Eiweißgehalt von Serum und Plasma angesprochen, während die Schwankungen der übrigen Eigenschaften als sekundäre Notwendigkeiten zur Vermeidung einer physiologischen Indisposition im Blute *allein* betrachtet wurden. Inwieweit diese Annahme eine Bestätigung findet, und zur weiteren Klärung der Frage über das wechselvolle Verhalten der Blutwerte sollen nunmehr korrelative Vergleiche an einigen wichtigen Eigenschaften angestellt werden.

a) *Die Abhängigkeit des Plasmaeiweißgehaltes und der Blutviskosität von der Erythrocytenanzahl.*

Scheunert und *Krzywanek* konnten im Pferdeblut nachweisen, daß der Eiweißgehalt des Plasmas mit den Schwankungen der Erythrocytenzahl zu- und abnimmt, und sie stellen auf Grund dieser Beobachtungen die Hypothese auf, „daß eine durch Flüssigkeitsaustausch zwischen Blut und Gewebe gesicherte Regulation der Konstanz der Blutmenge bestünde".

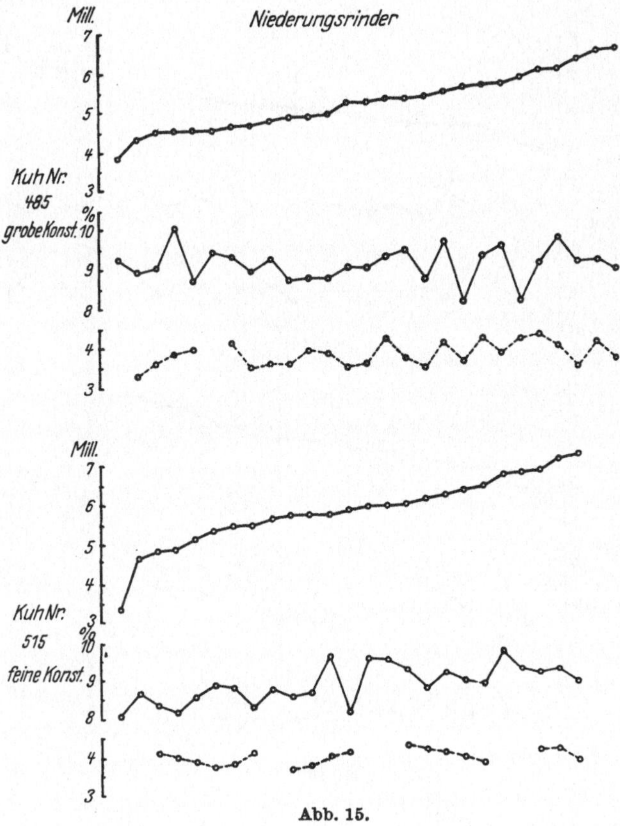

Abb. 15.

Aus der graphischen Darstellung der Wechselbeziehungen zwischen Erythrocytenzahl und Plasmaeiweißgehalt läßt sich öfters im Kurvenverlaufe ein Parallelismus auch bei den 4 Rindern feststellen; ein vollkommen gleichsinniges Verhalten besteht jedoch nicht, wenngleich in den meisten Fällen eine *starke Vermehrung* oder *Verminderung* der Erythrocytenzahl eine *dementsprechende Veränderung* des Plasmaeiweißgehaltes zur Folge hat. Um eine objektive Prüfung zu ermöglichen, sind im nächstfolgenden Kurvenbilde die Anzahl der roten Blutkörperchen größenmäßig ansteigend geordnet und die entsprechenden Eiweißprozente eingetragen. Hier ist ein gleichsinniges Verhalten beider Eigenschaften nur sehr schwer erkennbar, denn nur die Kurvenabschnitte, die eine gleichzeitig steigende Tendenz anzeigen, beweisen den Abhängigkeitsgrad des Plasmaeiweißgehaltes von der Erythrocytenzahl. Ja gerade dieser scheint konstitutionell verschieden zu sein, da sich bei Nr. 515 und 493 bei hohen Blutkörperchenmengen auch individuell höhere Eiweißprozente finden als bei den gröberen Tieren Nr. 485

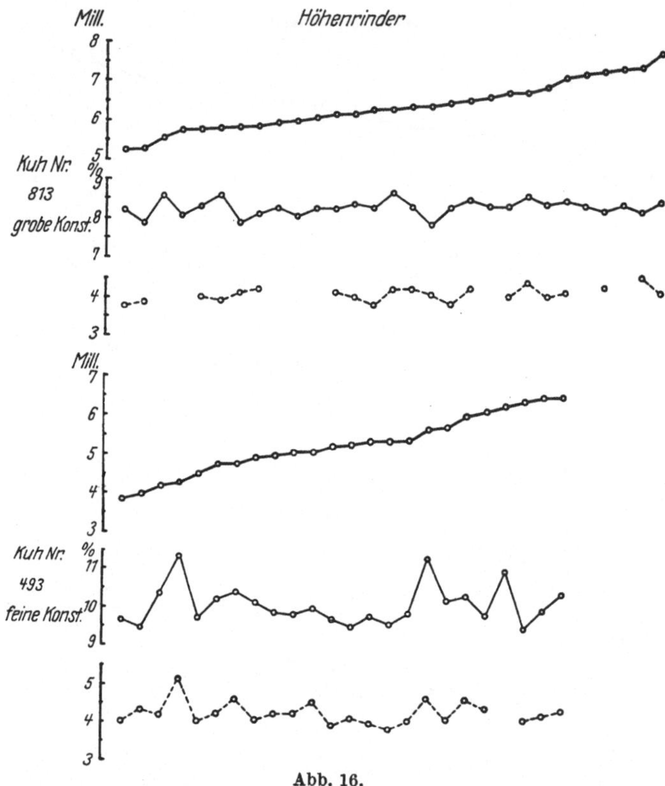

Abb. 16.

und 813. Rein zahlenmäßig lassen sich allgemein-physiologische Abhängigkeitsverhältnisse zwischen Erythrocytenzahl und Plasmaeiweiß nicht festlegen, denn es treten trotz der individuell verschieden hohen Eiweißmaximal- und -minimalwerte bei den 4 Tieren nicht in derartig erkennbaren Grenzen liegende Erythrocytenzahlen auf.

		Maximaleiweißgehalt	Erythrocytenzahl
Z. B. bei Nr.	485	10,05%	4,54 Millionen
„ „	515	9,76%	6,77 „
„ „	813	8,68%	6,29 „
oder „ „	813	8,40%	7,72 „
und „ „	493	11,31%	4,24 „

Niederungsrinder
Mill.
6
5
4
Kuh Nr.
485
grobe Konst.
%
10
9
8
Mill.
7
6
5
Kuh Nr.
515
feine Konst.
%
9
8
Höhenrinder
Mill.
7
6
5
Kuh Nr
813
grobe Konst.
%
8
7
6
5
Kuh Nr.
493
feine Konst.
11
10
9
8 10 11 12 14 16 18 20 22 24 2 4 6   11 11 11 11 11 11 11 11 11 11 11 11 11 11 11 Uhr
Tagesschwankungen   Schwankungen innerhalb mehrerer Monate

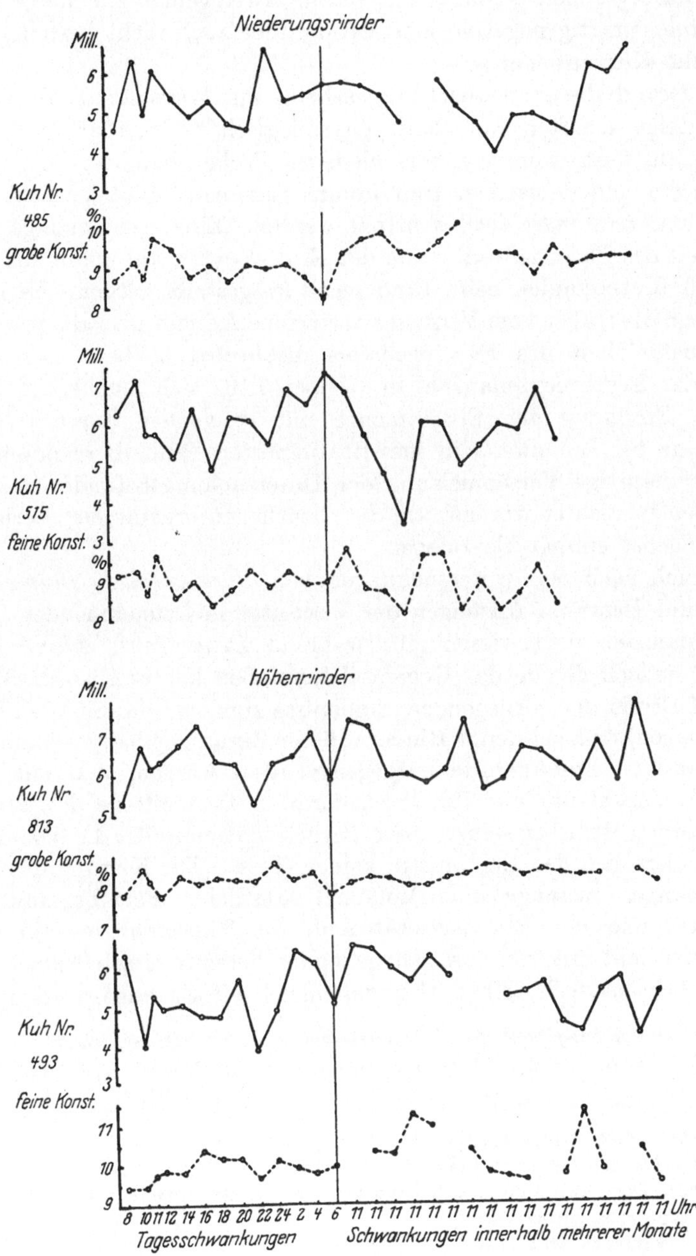

Abb. 17.

Hiernach könnte man eher annehmen, daß eine geringe Anzahl roter Blutkörperchen einen hohen Plasmaeiweißgehalt zur Folge hat. (Daß eine derartig negative Korrelation aber auch nicht besteht, beweisen die Kurvenbilder.)

Auf Grund dieser Beobachtung scheint ein korrelativer Vergleich von Bluteigenschaften nur dann physiologisch verwertbar, wenn es sich um Blutwerte wohl von verschiedenen Proben handelt, die jedoch nur von ein und demselben Individuum stammen. Bluteigenschaften müssen also *rein individuell* beurteilt werden. Eine gesetzmäßige Abhängigkeit des Plasmaeiweißes von der Erythrocytenzahl kann aus den etwa 100 Blutbefunden beim Rind nicht festgestellt werden. Es muß daher auch die früher vom Verfasser vertretene Ansicht über die primäre Funktionsfähigkeit des Eiweißgehaltes diskutabel bleiben. Bei Einteilung der Erythrocytenanzahl in Klassen ließe sich rechnerisch eine absolute Erhöhung der Eiweißmenge mit steigender Erythrocytenanzahl nur bei den zwei fein konstitutionierten Rindern nachweisen. Auf eine derartige Verschmelzung der Untersuchungsbefunde ist aber absichtlich verzichtet worden, um die natürlichen organischen Verhältnisse zunächst einmal klarzulegen.

Obgleich nach den Untersuchungen von *Burton-Opitz*[1], *Blunschy*[2], *Ulmer*[3] und *Hess*[4] ein Ansteigen der Viscosität mit zunehmender Erythrocytenanzahl als erwiesen gilt, während *Determann*[5], *Adam*[6] und *Trumpp*[7] jedoch gerade das Gegenteil feststellen konnten, so muß ich mich auf Grund der vorliegenden Ergebnisse zunächst darauf beschränken, zu sagen, daß bei den 4 Rindern dieser Zusammenhang überhaupt nicht besteht. Dem könnte entgegengehalten werden, daß mit der Erythrocytenzahl nur ein Teil der geformten Bestandteile des Blutes erfaßt worden ist, aber selbst unter Berücksichtigung der Leukocytenmenge ändert sich das Ergebnis in keiner Weise. Zur Klärung des Zusammenhanges zwischen dem Volumen sämtlicher Formbestandteile des Blutes und der Blutviscosität fehlt die Thrombocytenzahl, die hierfür vielleicht mit von ausschlaggebender Bedeutung sein kann. Sie konnte aber aus technischen Gründen nicht mitbestimmt werden.

b) Die Abhängigkeit der Serumviskosität vom Serumeiweißgehalt.

Hess wies in seinen Untersuchungen schon darauf hin, daß die Krystalloide die Viscosität nur in geringem Maße beeinflussen und in

---

[1] *Burton-Opitz*, Pflügers Arch. **119** (1907).

[2] *Blunschy*, Beiträge zur Lehre der Viscosität des Blutes. Zürich 1908.

[3] *Ulmer*, Die Bestimmung des Volumens der Blutkörperchen auf viscosem Wege. Inaug.-Diss. Zürich 1908.

[4] *Hess,* Pflügers Arch. **140**.

[5] *Determann*, Die Viscosität des menschlichen Blutes. Wiesbaden 1910.

[6] *Adam*, Z. klin. Med. **1909**, H. 68.

[7] *Trumpp*, Jb. Kinderheilk. **1911**, H. 73.

ihrer Wirkung von den Kolloiden ganz bedeutend übertroffen werden.
Da die Bluteiweiße kolloidal sind, so wird deren mehr oder weniger
starkes Vorhandensein die Viscosität leicht beeinflussen können. Der
jeweilige Gehalt des Serums an Lipoiden, Alkaloiden, Dextrosen und

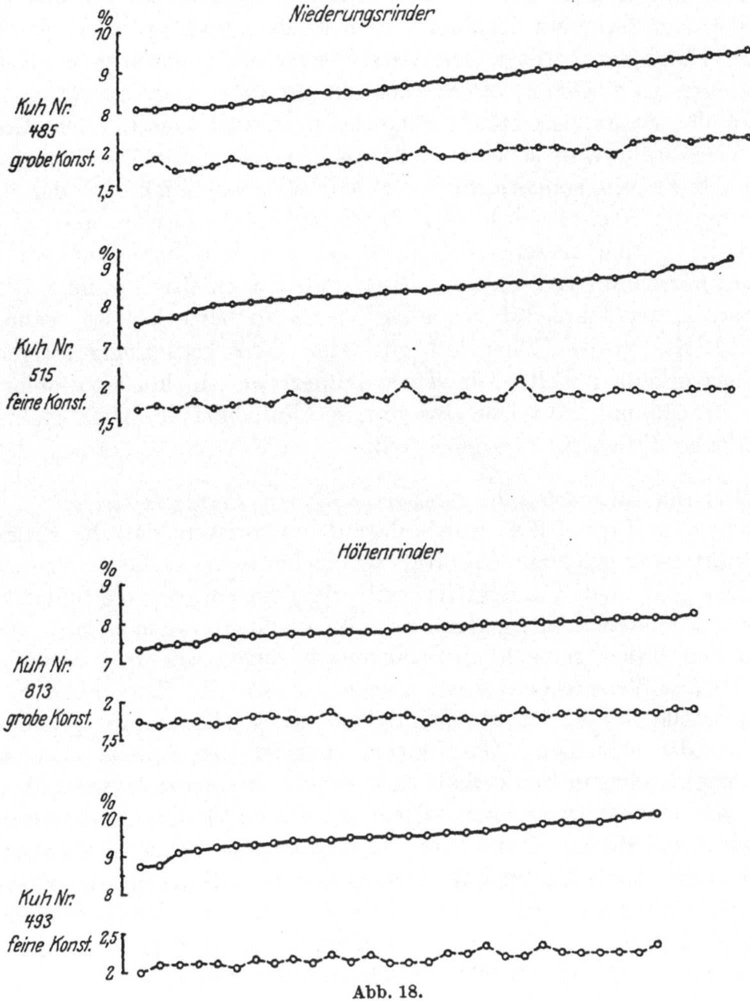

Abb. 18.

N-freien Verbindungen wird nicht ganz unwirksam auf die Viscosität
sein, es ist jedoch anzunehmen, daß dieser Einfluß durch die Wirkung
der mengenmäßig bei weitem überwiegenden Eiweißkörper nicht ausschlaggebend sein kann.

Aus den Kurvenbildern ist der maßgebliche Einfluß des Serum-
eiweißgehaltes auf die Viscosität des Serums wohl ersichtlich, da mit

steigenden Eiweißprozenten auch allgemein höhere Viscositätswerte auftreten. Eine konstante bzw. prozentual festzulegende Viscositätszunahme besteht jedoch nicht.

Dem auf Grund von 6 Untersuchungsbefunden im Blute von drei Eseln aufgestellten Satz *Webers*[1]: „Die Viscosität des Serums geht parallel dem Serumeiweißgehalt", muß insofern widersprochen werden, als an Hand der vorliegenden Versuchsergebnisse (etwa je 30 Untersuchungen an 4 Tieren) öfters auch ein gerade entgegengesetztes Verhalten der Serumviscosität nachgewiesen werden konnte. Die Größe der Viscositätswerte scheint nicht an die Höhe der Eiweißprozente gebunden zu sein, sondern sie richtet sich wahrscheinlich nach den individuellen im Blute herrschenden physiologisch-chemischen und -physikalischen Verhältnissen. Auffallend ist der Kurvenverlauf bei der Wilstermarschkuh 485, da trotz ihrer groben Konstitution die stärkste Steigerung der Viscosität von allen Tieren zu bemerken ist, während Nr. 813, das grobe Höhenrind, nur eine ganz geringfügig steigende Tendenz erkennen läßt. Die Kurvenbilder der fein konstitutionierten Tiere Nr. 515 und 493 zeigen eine gewisse Ähnlichkeit im Abhängigkeitsverhältnis: Viscosität : Serumeiweiß.

c) Die Abhängigkeit der Plasmaviscosität vom Plasmaeiweißgehalt.

Schon in Kapitel 2 A. wurde darauf hingewiesen, daß die Plasmaviscosität einer größeren Labilität als die Serumviscosität unterworfen ist. Das geht auch aus dem Kurvenverlauf hervor, der die individuell gekennzeichneten Abhängigkeitsverhältnisse klar erkennen läßt. Entgegen den bisher gemachten Erfahrungen zeigen sich fast *keine konstitutionellen* Verschiedenheiten, dagegen lassen die Kurvenbilder auf Unterschiede in der Reaktionsfähigkeit der 2 Niederungs- gegen die Höhenrinder schließen. Die Plasmaviscosität der damals noch virgilen Vogtländerkuh 813 verhält sich regellos, die der Schwyzerkuh 493 folgt, ich möchte sagen, nur schwer dem Steigen des Eiweißgehaltes trotz der bei diesem Tier schon im allgemeinen hohen Eiweißwerte, während die Viscosität der 2 Niederungsrinder mit Zunahme der Eiweißprozente schnell ansteigt. Starke Rückfälle von einer bereits erreichten Kurvenhöhe auf niedrigere Werte können vielleicht auf eine Änderung in der Eiweißzusammensetzung zurückgeführt werden.

d) Die Abhängigkeit der Suspensionsstabilität vom Fibrinogengehalt.

Die durch die Arbeiten von *Fahraeus*[2] und *Linsenmeier* (l. c. 688) eingeleitete und von *Höber* und seinen Schülern[3] zum größten Teil

---

[1] *Weber*, Z. Biol. **70** (1919).

[2] *Fahraeus*, Biochem. Z. **89** (1918).

[3] *Höber* und *Mond*, Klin. Wschr. **1922**. — *Kanai*, Pflügers Arch. **197** (1923). — *Mond*, ebenda.

erwiesene Theorie vom Einfluß der negativen Ladungsänderung der
Erythrocyten bzw. ihrer Oberfläche auf das Sedimentierungsvermögen
der roten Blutkörperchen hat die Auffassung über das Wesen der Sus-

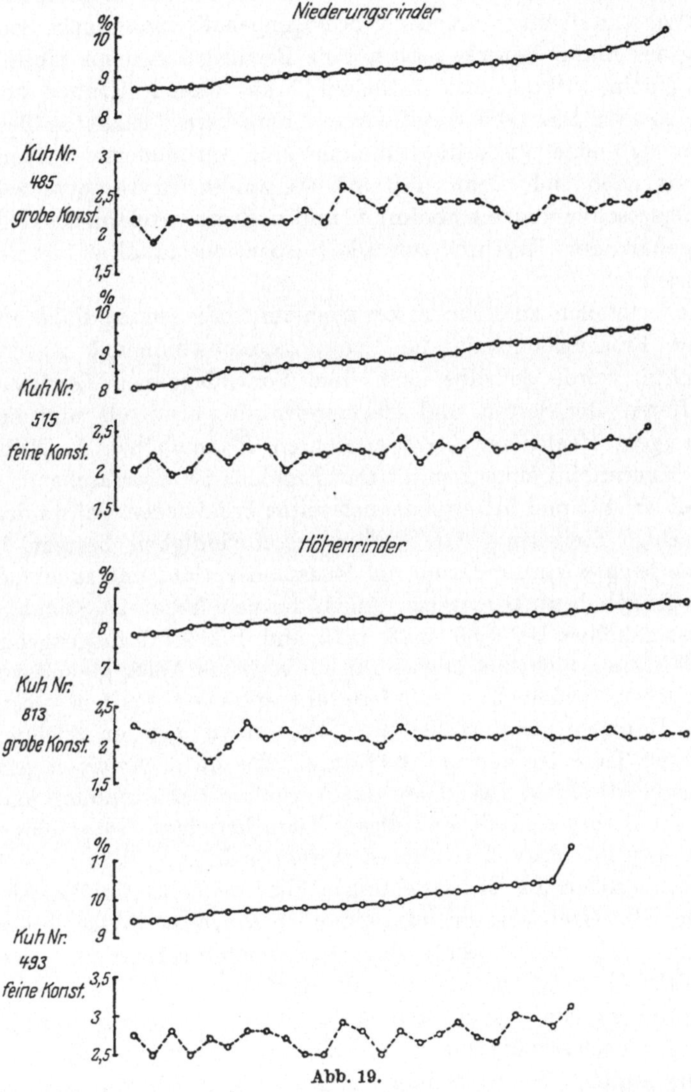

Abb. 19.

pensionsstabilität grundlegend geändert. Diese Entladungshypothese
ist jedoch nach *Wiechmann*[1] nicht unbestritten, da Senkungsgeschwindigkeit und Ladung der Erythrocyten nicht immer parallel gehen.

---

[1] *Wiechmann*, Klin. Wschr. **1923**.

Da nach *Höber*[1] die Blutkörperchen sich in Eiweißlösungen durch Adsorption mit einer gut anhaftenden Eiweißhülle umgeben und dadurch diejenige Tendenz zur Anionenbildung annehmen, die dem jeweils umhüllenden Eiweißkörper zukommt, so finden die Ergebnisse *Starlingers*[2] u. a., daß ein reichlicher Fibrinogengehalt eine schnelle Sedimentierung des Blutes bewirken kann, eine Bestätigung; denn Fibrin sowie Pseudoglobin wirken stark entladend. Aus diesem Grunde kommen erst in zweiter Linie die von mehreren Forschern gemachten Beobachtungen: daß eine Viscositätszunahme eine verminderte Suspensionsstabilität nach sich zieht, daß mit steigender Erythrocytenzahl die Senkungsgeschwindigkeit abnimmt, und daß die Größe und der Hämoglobingehalt der Erythrocyten die Suspensionsstabilität vermindert, in Betracht.

Um feststellen zu können, ob auch im vorliegenden Falle ein vermehrter Fibrinogengehalt die Senkungsgeschwindigkeit zu erhöhen vermochte, wurde derselbe nach dem Vorschlage von *Leendertz*[3] aus der Differenz der Serum- und Plasmarefraktion ermittelt, und die nach 24stündigem Reaktionsverlauf erreichten Plasmahöhen in Millimeter in das Kurvenbild eingetragen. Das Ergebnis ist überraschend. Während bei Nr. 485 und 515, wenn auch unter erheblichen Schwankungen, eine geringe Steigerung der Senkungsgeschwindigkeit besteht, ist bei 493 eine leichte Verminderung im Reaktionsverlauf mit zunehmendem Fibrinogengehalt zu bemerken. Allein die vier hohen 24-Stundenwerte der Plasmahöhen bei 0,89, 0,73, 0,75 und 1,00%Fibrinogengehalt bei Nr. 813 können nicht als Beweis für ein gewisses Abhängigkeitsverhältnis zwischen beiden Eigenschaften angesprochen werden. Konstitutionelle Unterschiede sind hier nicht erkennbar, dagegen zeichnen sich die älteren Tiere Nr. 485 und 493 durch eine im allgemeinen geringere Suspensionsstabilität aus. Über das Verhalten der Albumine und Globuline im Serum und Plasma dieser Tiere berichtet *Holze*[4] eingehend, so daß hier nur darauf verwiesen werden soll.

Hiermit sollen die Untersuchungen über wechselseitige Beziehungen einzelner Bluteigenschaften untereinander zunächst abgeschlossen werden, da nach den vorliegenden Untersuchungsbefunden feststeht, daß solche Korrelationen nicht unbedingt von konstitutionellen Faktoren abhängig sind. Und aus diesem Grunde gehört die weitere Prüfung auf blutphysiologische Korrelationen nicht in den Rahmen vorliegender Arbeit. Wenn die hier festgestellten Ergebnisse von den Untersuchungsbefunden anderer Autoren über die Verhältnisse beim

---

[1] Zit. nach *Pinkussen*, Handbuch der Biochemie **4** (1925).
[2] *Starlinger*, Biochem. Z. **122** (1921).
[3] *Leendertz*, Arch. exper. Path. **94** (1922).
[4] *Holze*, Abh. Inst. Tierz. Univ. Leipzig **1928**, H. 18.

Niederungsrinder
%
Kuh Nr.
485
grobe Konst.
mm
Kuh Nr.
515
feine Konst.
mm
Höhenrinder
%
Kuh Nr.
813
grobe Konst.
mm
%
Kuh Nr.
493
feine Konst.
mm

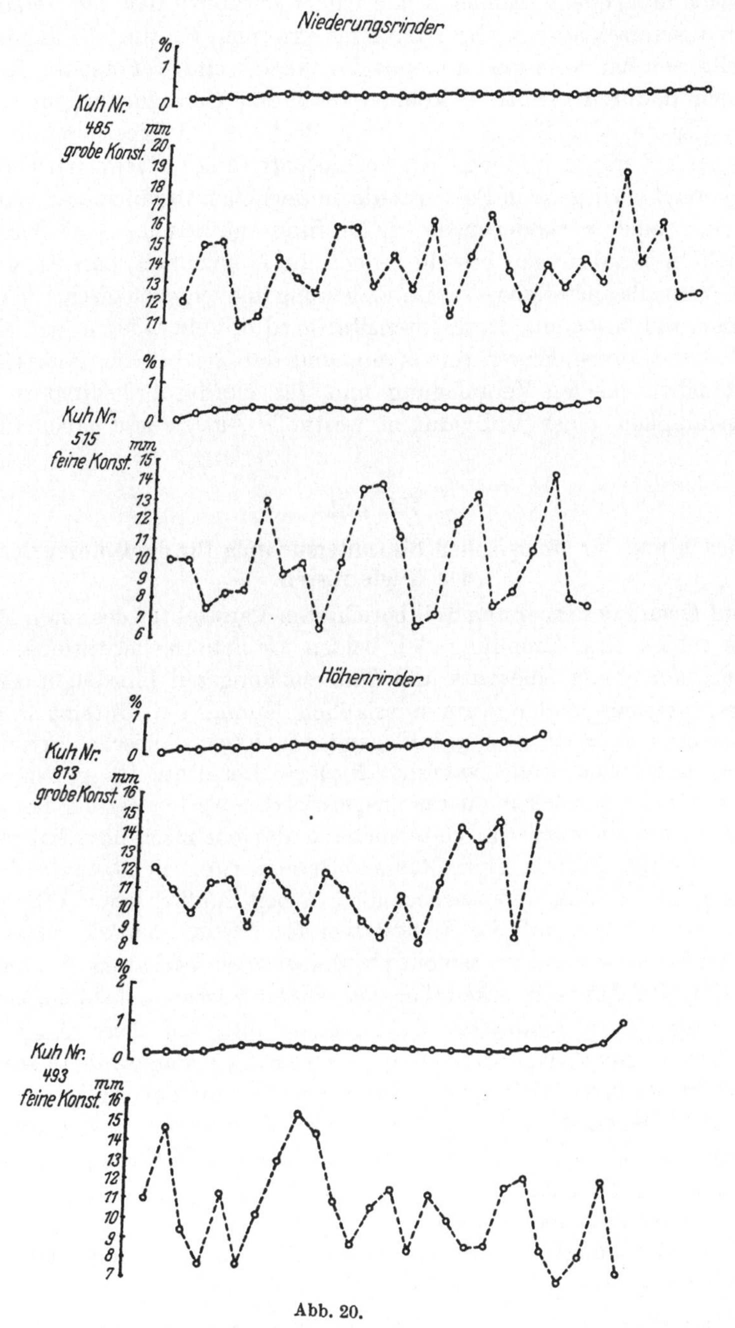

Abb. 20.

menschlichen Blute teilweise abweichen, so ist vielleicht einesteils die
Tatsache maßgebend, wie ich schon früher erwähnte, daß den Versuchstieren aus verschiedenen Gründen keine extremen Haltungsbedingungen
gestellt werden konnten, andererseits haben einige Forscher Korrelationen dadurch ermitteln können, daß das Untersuchungsmaterial,
Blut, Plasma oder Serum bzw. deren Bestandteile experimentell verschiedenen Konzentrationen nach der Blutentnahme unterworfen wurden,
während im vorliegenden Falle nur die im tierischen Organismus natürlich
vorkommenden Veränderungen der Prüfung unterlagen. Nach den hier
gemachten Erfahrungen besteht jedoch die Möglichkeit, daß bei geeigneter Versuchsanstellung die Untersuchung blutphysiologischer Korrelationen und besonders deren Intensitätsgrad mit ein Glied in der Kette
der Konstitutionsfaktoren sein kann, und daß sie bei der Beurteilung
der konstitutionellen Veranlagung und der hierdurch bedingten Leistungsfähigkeit eines Individuums wertvolle Aufschlüsse geben kann.

III. Teil.

Die Bedeutung der biologischen Blutuntersuchung für die Differenzierung der Rinderrassen.

Auf Grund der im ersten Teil berichteten Variabilität des roten Blut-
bildes schien eine Trennung der beiden Gebiete Konstitutions- und
Leistungsforschung einerseits und Untersuchung auf blutdiagnostische
Rassenmerkmale andererseits unerläßlich, zumal die Untersuchungs-
ergebnisse von *Götze* nur grundlegend für hämatologische Artunter-
schiede anzusehen sind, während *Richters* Resultate im günstigsten
Falle individuelle, aber nicht rassenspezifisch gewertet werden können.
Damit versprach auch die Untersuchung des chemisch-physikalischen
Blutbildes zum Zwecke einer Rassendifferenzierung nicht Aussicht auf
Erfolg. Im Verlaufe der vorliegenden Arbeit mußte schon öfter angenommen werden, daß die *Konstitution des Blutes* (nicht des Organismus) vielleicht weniger an seinem physiologischen Verhalten und damit
auch physikochemisch erkennbar ist, sondern eher auf biologischen
bzw. biogenetisch bedingten Faktoren beruht. Ob diese Annahme
volle Berechtigung hat, wird wohl nicht eher entschieden werden können,
als bis hinreichende Kenntnisse über den Verlauf der Auswirkungen
der verschiedenen Komplexvariationen und -funktionen im Organismus
vorliegen. Bis zur wünschenswerten Klärung dieser Frage ist aber
noch eine lange, mühevolle Arbeit auf fast allen naturwissenschaft-
lichen Gebieten zu bewältigen.

Diese Erwägungen gaben in erster Linie Veranlassung dazu, die
Untersuchung des Rinderblutes zur Rassendifferenzierung auf einem biologisch-physiologischen Verfahren aufzubauen, das bei Untersuchungen

am Menschenblut besonders in den letzten Jahren erhebliche Erfolge zu verzeichnen hatte. Es gründet sich auf eine der 3 hauptsächlichsten serologischen Eigenschaften des Blutes (Hämolyse, Komplementbildung), die Agglutination.

Landsteiner[1] (1901) erkannte 2 Tatsachen von größtem biologischen Wert, nämlich die serologische Differenzierung innerhalb des Menschengeschlechtes (Gruppenbildung) sowie das Vorhandensein von Isoantikörpern (solche Antikörper, die gegen das Gewebe der gleichen Tierart gerichtet sind). Durch weitere Arbeiten von *Jansky*[2], besonders aber von *v. Dungern-Hirszfeld*[3-6] lassen sich die beim Menschen vorkommenden Bluteigenschaften (Agglutination von Erythrocyten durch Serum einer anderen Person (also derselben Art) entsprechend der *Landsteiner*schen Regel nach folgendem Schema darstellen:

Gruppe (nach *Jansky*):	I	II	III	IV
Blutkörperchen enthalten	O	A	B	AB
Serum enthält	Anti-A	Anti-B	Anti-A	O
	Anti-B			
Symbol	$O\alpha\beta$	$A\beta$	$B\alpha$	ABo,

wobei die großen Buchstaben die Anwesenheit der agglutinablen Substanzen in den Blutkörperchen, die Agglutinogene, die griechischen Buchstaben die Anwesenheit der agglutinierenden Substanz im Serum, die Agglutinine, der einzelnen Gruppen symbolisieren.

Welche umfassende Bedeutung diese grundlegenden Forschungsergebnisse klinisch, forensisch, genetisch, anthropologisch usw. gewonnen haben, geht aus der (bis 1925) literarisch lückenlosen Monographie von *Lattes*[7] und den Arbeiten von *Hirszfeld*, wo etwa 1500 Veröffentlichungen verarbeitet worden sind, einwandfrei hervor. Über die neuesten Untersuchungsergebnisse unterrichtet laufend seit Anfang des Jahres 1928 die Zeitschrift „Rassenphysiologie", das Organ der „Deutschen Gesellschaft für Blutgruppenforschung".

Da im Laufe des menschlichen Lebens mit Ausnahme von pathologischen Fällen eine Konstanz der Blutgruppe bisher als erwiesen gilt (*Schiff*[8]), und nach *Bernstein*[9] 3 Erbanlagen. R. (= 0), A, B, die an der

---

[1] *Landsteiner*, zit. nach *Hirszfeld*, Konstitutionsserologie und Blutgruppenforschung. Berlin: Springer 1928.

[2] *Jansky*, Hämatologische Studien bei Psychotikern. Folia serol. **3** (1908).

[3] *v. Dungern-Hirszfeld*, Münch. med. Wschr. **1910**, 741.

[4] *v. Dungern-Hirszfeld*, Z. Immun.forschg **4** (1910).

[5] *v. Dungern-Hirszfeld*, Z. Immun.forschg **6** (1910).

[6] *v. Dungern-Hirszfeld*, Z. Immun.forschg **8** (1911).

[7] *Lattes*, Die Individualität des Blutes in der Biologie, in der Klinik und in der gerichtlichen Medizin. Berlin: Springer 1925.

[8] *Schiff*, Die Technik der Blutgruppenuntersuchung. Berlin: Springer 1926.

[9] *Bernstein*, Klin. Wschr. **1924**, Nr 33.

gleichen Stelle des Chromosoms lokalisiert sind, den Erbgang bedingen, lag es nahe, die erbkonstitutionelle Eigenschaft, die Hämagglutination, zur Differenzierung der Rinderrassen heranzuziehen. Man unterscheidet 3 verschiedene Möglichkeiten der Hämagglutination, nämlich:

1. Autoagglutination, Ballung der Blutkörperchen im Serum desselben Individuums.

2. Isoagglutination, Ballung der Blutkörperchen im Serum eines Individuums derselben Art und

3. Heteroagglutination, Ballung der Blutkörperchen im Serum eines Individuums einer anderen Art.

Über die bisher vorliegenden Untersuchungen mit Isoagglutination an Tieren, dem Hauptphänomen für die Blutgruppenforschung, hat *Herlyn*[1] in der „Züchtungskunde" eingehend berichtet, so daß hier nicht näher darauf eingegangen zu werden braucht. Er faßt die Ergebnisse dahin zusammen, daß die isoagglutinablen Substanzen der Tiere denen der Menschen nicht identisch aber weitgehend ähnlich sind.

Von vornherein wurde bei den diesem Abschnitt zugrunde liegenden Untersuchungen erkannt, daß dem Züchter mit der Kenntnis der Blutgruppe eines Tieres nicht voll gedient ist, denn genau wie in der gerichtlichen Medizin würde ein solches Ergebnis nur einen negativen Beweis erbringen, da auch beim Menschen nur eine gewisse prozentuale Verteilung der Blutgruppen innerhalb einzelner Rassen bisher festgestellt werden konnte. Es gelingt nicht, mit positiver Sicherheit die Abstammung eines Individuums durch Kenntnis seiner und der der Parentalgeneration angehörigen Blutgruppe nachzuweisen. Da aber gerade über die Individualität des Rinderblutes durch die Arbeiten von *Ottenberg* und *Friedmann*[2] und *Schermer*[3] keine positive Klarheit geschaffen wurde, sollte zunächst festgestellt werden, welche Agglutinine bzw. Aglutinogene beim Rind auftreten. 400 Voruntersuchungen an den im Rassestall des Leipziger Tierzuchtinstituts vorhandenen Tieren verschiedener Höhen- und Niederungsrassen ließen nicht eine einzige positive Reaktion erkennen. Hierfür konnten irgendwelche Fehler in der Untersuchungstechnik verantwortlich gemacht werden, so daß diese zunächst einer eingehenden Prüfung unterzogen werden mußte.

Die Reagensglas- und Objektträgermethode wurde stets doppelt durchgeführt, die Untersuchungstemperatur auf möglichst $+ 20°$ C gehalten, Capillar- und Venenblut verwendet; weiterhin wurden Blutkörperchenaufschwemmungen sehr verschiedener Verdünnungsgrade hergestellt, spontan und durch Zentrifugieren gewonnene frische und inaktivierte Seren verarbeitet, 500—3500 Touren bei den Reagensglas-

---

[1] *Herlyn*, Züchtungskde **3**, H. 8 (1928).
[2] *Ottenberg* und *Friedmann*, J. of exper. Med. **1911**, Nr 37.
[3] *Schermer*, Dtsch. tierärztl. Wschr. **36**, Nr 48 (1928).

versuchen erprobt, im Thermostaten und in der feuchten Kammer Versuche angesetzt, aber alle Bemühungen blieben erfolglos, d. h. eine positive Reaktion trat nicht ein. Aus diesem Grunde mußte angenommen werden, das unter den 20 Rindern kein geeignetes Testblut erfaßt worden war.

Hierauf gelangten 40 weibliche Rinder einer Ostfriesen-Wesermarsch-herde untereinander zur Untersuchung und deren Serum gegen die Blutkörperchen der Rinder im Rassenstall (Allgäuer, Schwyzer, Angler, Vogtländer, Simmenthaler, Wilster- und Wesermarsch, Altmärker, Prignitzer und Lüneburger). Die Ergebnisse fielen zum größten Teile negativ, in einzelnen Fällen unsicher aus. Damit lag der Gedanke nahe, daß entweder die beim menschlichen Blut erprobte Technik für Rinderblut nicht anwendbar ist, oder eine spezifische Reaktion evtl. nur mit vorbehandelten Seren zu erreichen ist.

Nach Untersuchungen von *Hekma*[1] verläuft die der natürlichen Blutgerinnung zugrunde liegende Fibrinbildung unter dem Scheinbilde eines Krystallisationsprozesses durch Dehydration + Agglutination von Fibrinamikronen, und somit wäre das Thrombin kein (Fibrin-) Ferment, sondern ein Agglutinin, also Fibrinogen + Agglutinin = Fibrin. Würde diese Annahme zutreffen, so würde ja gerade bei der Serumgewinnung das im Fibrin enthaltene Agglutinin an den Blutkuchen gebunden und vom Serum isoliert. Zur Prüfung, ob etwa hierdurch der negative Ausfall der Reaktionen bedingt war, wurden die schon genannten Versuche nochmals durchgeführt und statt Serum Plasma (also Agglutinin + Fibrinogen enthaltend) verwendet. Aber auch dieser Versuch führte zu keinem anderen Ergebnis.

Wenn als Grundsatz der *Gruber-Widal*schen Reaktion gilt, zur Identifizierung und Differenzialdiagnose verschiedener Bakterienarten ist nicht die Agglutination an sich, sondern der Grad, in dem sie stattfindet, spezifisch[2], so lag es nahe, auch zu versuchen, ob vielleicht die Serum- oder Blutkörperchenkonzentration von Einfluß auf den Reaktionsausfall ist. Damit soll nicht etwa gesagt sein, daß die Rassendiagnose innerhalb einer Tierart durch Isohämagglutination mit der Serodiagnostik in der Bakteriologie irgendwie wesensverwandt sei, da ja keine Immunisierung bzw. künstliche Antikörperbildung bei Versuchstieren als primäre Untersuchungsbedingung vorgenommen wird.

Genetisch betrachtet, kann das Blutserum unserer meisten Rinderrassen keinesfalls als biologisch-homogen angesehen werden, denn vorausgesetzt, daß der Erbgang etwa bestehender Blutgruppen beim Rinde dem menschlichen ähnelt, so könnten infolge der jahrzehntelang

---

[1] *Hekma*, Biochem. Z. **143**, 105ff.
[2] *Bonkert*, Bakteriologische Diagnostik. Berlin 1922.

zurückliegenden verschiedenartigsten Kreuzungen die evtl. vorkommenden rassenspezifischen Agglutinine durch Dominanz oder atavistische Erscheinungen oder durch gleichzeitiges Zusammenkommen rezessiver Merkmale erheblich verändert oder verdeckt sein und daher nur unter bestimmten Voraussetzungen erkennbar werden. Diese Annahme wurde besonders durch nachstehenden Reaktionsausfall erhärtet.

Versuch 1.

Serum konzentriert		Blutkörperchen konzentriert
Vogtländer	× Simmenthaler	—
Ostfriesen	× Simmenthaler	—
Wilstermarsch	× { Vogtländer	—
	Schwyzer	—
	Simmenthaler	—

Versuch 3.

Serum konzentriert		Blutkörperchenaufschwemmung in 0,85 % NaCl-Lsg. Verdünnungsgrad unbekannt.
Schwyzer	× { Vogtländer	? (+)
	Wilstermarsch	? (+)
	Ostfriesen	? (+)
	Simmenthaler	? (+)

Bei Versuch 3 zeigten die Objektträgerpräparate nach 10 Minuten makroskopisch eine typische Ballung, mikroskopisch war eine als typisch zu bezeichnende Agglutination nicht sichtbar. Der makroskopisch erkennbare positive Reaktionsverlauf und -ausfall erwies sich unter dem Mikroskop als eine Erscheinung, die als Wabenbildung bezeichnet werden könnte, denn es bildeten sich blutkörperchenfreie Serumstreifen, die sich zu einem regelmäßigen Fünfeck vereinigten, an dessen Seiten dicke Blutkörperchenwülste zusammengeordnet lagen, die aber nicht aus aneinandergereihten Klumpen bestanden. Diese Wabenbildung wurde auch durch das Plasma der Wilstermarschkuh mit den Blutkörperchen der Vogtländer und Simmenthaler Kuh hervorgerufen.

Es wurden nun versuchsweise Serumverdünnungen mit physiologischer Kochsalzlösung hergestellt, um zu prüfen, ob bei Verminderung der Serumeiweißkörperkonzentration eine spezifische Reaktion eintreten würde. (Die Ergebnisse sind in nachstehender Tabelle nur auszugsweise wiedergegeben, denn es wurde von weiteren vier schwarzbunten Niederungsrindern, also von insgesamt 13 Rindern Serum gegen Blutkörperchen wechselseitig geprüft.)

Das Ergebnis ist überraschend. Einerseits ergibt Wilstermarsch- und Vogtländerblut eine wechselseitige Agglutination bei höheren Verdünnungsgraden, andererseits vermag das verwendete Schwyzerserum die Blutkörperchen von einigen schwarzbunten Niederungsrindern bei 1 proz. Verdünnung immer, bei den angrenzenden Verdünnungsgraden teilweise zu agglutinieren.

Welche Schlüsse können hieraus gezogen werden ? Für die Rassendiagnose beim Rind scheint sowohl die Blut-Serumkonzentration als auch das mehr oder weniger vorhandene Natur- oder Landrassenblut im Einzelindividuum von ausschlaggebender Bedeutung zu sein.

Serum von	Verdünnungsgrad % Serum zu 0,85% NaCl-Lösung									2% Aufschwemmung von gewaschenen Blutkörperchen in 0,85 % NaCl-Lösung
	50%	20%	10%	5%	2%	1%	0,5%	0,2 %	0,1%	
Vogtländer	−	−	+	+	+	+	+	+	+	Wilstermarsch
	−	−	−	−	−	−	−	−	−	Ostfriese
	−	−	−	−	−	−	−	−	−	Simmenthaler
	−	−	−	−	−	−	−	−	−	Schwyzer
Wilstermarsch	−	−	−	−	−	−	−	−	−	Ostfriese
	−	−	−	−	−	−	−	−	−	Schwyzer
	−	−	−	−	−	−	−	−	−	Simmenthaler
	−	−	+	+	+	+	+	+	+	Vogtländer
Ostfriese	−	−	−	−	−	−	−	−	−	Wilstermarsch
	−	−	−	−	−	−	−	−	−	Schwyzer
	−	−	−	−	−	−	−	−	−	Simmenthaler
	−	−	−	−	−	−	−	−	−	Vogtländer
Schwyzer	−	−	?	−	−	+	+	−	−	Ostfriese
	−	−	−	−	+	+	+	−	−	Wesermarsch × Groninger
	−	−	−	−	+	+	+	−	−	Lüneburger
	−	−	−	−	+	+	−	−	−	Altmärker
	−	−	−	−	−	+	−	−	−	Prignitzer
	−	−	−	−	−	+	−	−	−	Ostfriese × Prignitzer
	−	−	−	−	−	−	−	−	−	Wilstermarsch
	−	−	−	−	−	−	−	−	−	Simmenthaler
	−	−	−	−	−	−	−	−	−	Vogtländer

Ob die vorliegenden Reaktionen als echte Isohämagglutinationen zu bezeichnen sind, mag dahingestellt bleiben. Aus diesem nur sehr geringfügigen Material geht aber zweifellos hervor, daß nur Massenuntersuchungen innerhalb jeder einzelnen Rasse ein abschließendes Urteil herbeiführen können. Hierfür stehen meines Erachtens zwei verschieden Wege offen:

1. die biologische Eiweißdifferenzierung der einzelnen Rassen und

2. die Verwendung von nachweislich reinrassigen Land- oder auch Wildrinderseren,

und zwar aus folgenden Gründen:

ad 1. Es ist das Verdienst *Uhlenhuts*[1], mit Hilfe von aus tierischen Eiweißkörpern hergestellten präcipitierenden Seren eine biologische

---

[1] *Uhlenhut*, Der biologische Nachweis der verschiedenen Blutarten und der Blutsverwandtschaft unter den Tieren. 2. Flgschr. dtsch. Ges. Züchtungskde **1910**.

Eiweißdifferenzierung für den forensischen Nachweis von Menschen- und Tierblut verschiedener Arten vornehmen zu können. Wenn es also gelang, mit dem Präcipitationsverfahren Blutarten und Fleisch- sorten mit artspezifischen Antiseren zu differenzieren, so liegt die Ver- mutung nahe, daß auf demselben Wege rassenspezifische Antiseren durch Immunisierung von Kaninchen erzeugt werden können, die eine Differenzierung von Blut- oder Serumeiweißkörpern innerhalb der- selben Art ermöglichen, und deren jeweilige Titergrenze vielleicht die gewünschte Rassenunterscheidung erkennen läßt. Die vorliegenden Agglutinations-Versuche (ich sage absichtlich nicht -Bestimmungen) haben wenigstens zum Teil den Beweis erbracht, daß die Blut- oder noch besser Serumstruktur einzelner Tiere verschiedener Rassen ganz erhebliche Abweichungen zeigt, so daß angenommen werden kann, daß das Serumeiweiß einzelner Rassen nicht homolog ist. Leider konnte die Weiterarbeit in dieser Richtung nicht aufgenommen werden, da zur Gewinnung präcipitierender Antisera eine große Zahl Kanin- chen erforderlich wäre, um umfassende Untersuchungen anstellen zu können, deren Beschaffungs- und Unterhaltungskosten aber die dem Leipziger Tierzuchtinstitut zur Verfügung stehenden Mittel weit über- steigen.

ad 2. Die Tatsache, daß bei den zu den Versuchen herangezogenen Tieren nur positive Reaktionen mit Höhenrinderblut oder -serum gegen die Sera bzw. Blutkörperchen von Niederungsrassen auftraten, läßt darauf schließen, daß das Blut für Höhenrinder infolge der nicht so verwickelten Abstammungsverhältnisse seine Individualität wenigstens in einem gewissen Maße erhalten hat. Trifft diese Annahme zu, so könnte ein Vergleich der Blutstruktur von Wildrindern weitere Aufschlüsse geben.

Zu diesem Zwecke entnahm ich größere Blutproben von den im Leipziger zoologischen Garten zur Verfügung stehenden Wildrindern: Wasserbüffel, Yak, Bison, Zwergzebu, Riesenzebu und Steppenrind.

Die Individualität des Blutes von einigen Wildrindern.

	Wasser-büffel	Bison	Yak	Zwerg-zebu	Riesen-zebu	Steppen-rind	Blut-körperchen
Serum von:							
Wasserbüffel	0	—	—	—	—	—	
Bison	+	0	+	—	—	—	
Yak	—	+	0	—	—	—	
Zwergzebu	+	—	—	0	—	—	
Riesenzebu	—	—	+	—	0	—	
Steppenrind	+	+	+	—	—	0	

Die Einordnung in die Tabelle erfolgte nach der Stellung der Wildrinder zum Hausrind, wie sie *Rütimeyer*[1] vorschlägt. Da die zur Verfügung stehende Anzahl Wildrinder zu klein ist, um ein abschließendes Urteil fällen zu können, so sind die Ergebnisse nur mit Vorsicht zu verwerten, zumal die positiven Reaktionen unter Berücksichtigung der genetischen Stellung der Wildrinder untereinander nicht alle als echte Isohämagglutinationen, sondern einige vielleicht als Heteroagglutinationen angesehen werden müssen. Unter Anwendung der Einteilung nach *Wilckens-Duerst*[2]:

	Büffel
	Banteng, Gaur, Gayal
	Hausrind und Zebu und
als selbständige Gruppen	Yak
	Bison

zeigen sich im Verhalten der Agglutinine auffällige Parallelen. Das Hausrind zeigt 3 verschieden gerichtete Agglutinine, nämlich gegen Yak, Bison und Büffel. Das Zebu zeigt zwei verschieden gerichtete Agglutinine, nämlich gegen Yak und Büffel. Der Yak hat nur 1 Agglutinin gegen Bison, und der Bison zeigt zwei verschieden gerichtete Agglutinine gegen Yak und Büffel, während keine der drei dem Hausrind im engeren Sinne fernstehenden Gruppen, mit Ausnahme des Bison, gegen die nächsthöherstehende Gattung Antikörper aufweisen. Da sich nun Bison ♂ mit Zebu ♀ und Yak ♂ mit Zebu ♀ fruchtbar paaren, könnte vielleicht nach den umstehenden Ergebnissen vermutet werden, daß Paarungen innerhalb der Wildrindgattungen nur dann fruchtbar ausfallen, wenn im Serum des männlichen Tieres keine Antikörper gegen die Gattung des weiblichen Rindes vorhanden sind. Dann müßte sich aber auch Büffel ♂ fruchtbar mit Bison-, Yak- und Zebukühen paaren; nicht aber Yak ♂ mit Bison ♀ und umgekehrt.

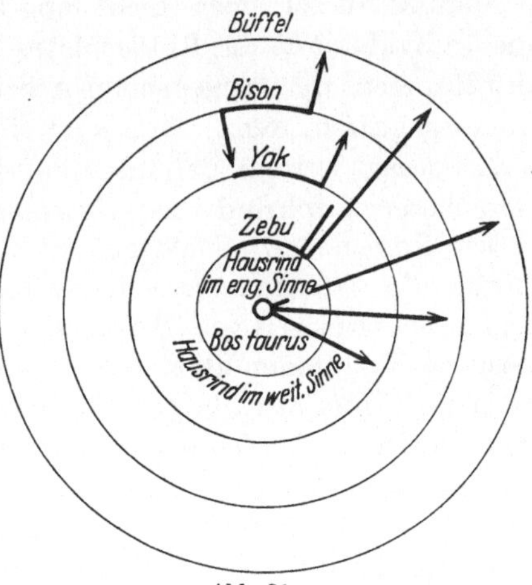

Abb. 21.
Die Agglutinine im Serum der Rindergattungen.

Unter der Voraussetzung, daß die Individualitätsreaktion des Blutes bei allen Vertretern der hier untersuchten Wildrindgruppen

---

[1] *Rütimeyer*, Versuch einer natürlichen Geschichte des Rindes 2. Zürich 1867.
[2] *Wilckens-Duerst*, Grundzüge der Naturgeschichte der Haustiere. Leipzig 1905.

entsprechend den vorliegenden Ergebnissen ausfällt, würde die nach *Duerst* gesonderte Stellung des Bison und Yak in der Geschichte des Hausrindes bestätigt, und vielleicht könnte auch durch weitere Untersuchungen die Entwicklungsgeschichte des Rindes mit Hilfe des biologischen Blutnachweises näher geklärt werden.

Der früher mitgeteilte negative Reaktionsausfall mit unverdünnten Seren von Hausrindern untereinander mußte darauf schließen lassen, daß im Rinderblut entweder keine Normalisoagglutinine vorhanden sind, oder daß unter den Versuchtieren zufällig kein einziges Blut mit der Formel $A\beta$ (sofern überhaupt beim Rinde dem Menschenblut ähnliche Strukturen auftreten) gefunden wurde. Die Untersuchungsergebnisse am Blute einiger Wildrinder ließen aber die Hoffnung als berechtigt erscheinen, daß weitere Agglutinationsversuche innerhalb einzelner Rassen zu positiven Ergebnissen führen können, und die Prüfung des Wildrinderblutes gegen das Blut einer größeren Anzahl reinrassiger Hausrinder weitere wichtige Aufklärungen über dieses Problem geben kann. Aus diesem Grunde wurden die Versuche am Leipziger Tierzuchtinstitut im großen Rahmen fortgesetzt. Die weiteren Einzelergebnisse dieser noch nicht abgeschlossenen Forschungsarbeit über die Individualität des Rinderblutes hier wiederzugeben, liegt außerhalb des Rahmens der vorliegenden Arbeit, und es wäre auch den Tatsachen vorausgegriffen, wenn schon jetzt ein Urteil gefällt würde. Es kann nur soviel gesagt werden, daß insgesamt über 100 Vogtländer, Simmenthaler und Wesermarschrinder zur Untersuchung gelangten, und daß innerhalb dieser Rassen bzw. Schläge 5 bzw. 5 bzw. 4 agglutinable Substanzen durch die Wildrindersera festgestellt werden konnten. Durch Kontrolle der gegenseitigen Serum-Erythrocytenkombination wurden wohl positive Reaktionen aber nur bei einzelnen Vertretern derselben Rasse erreicht. Über etwa bestehende Blutgruppen beim Rinde zu sprechen, wäre verfrüht. Mit Hilfe des Hämagglutinationsphänomens eine sichere Rassenbestimmung der Rinder herbeizuführen, scheint auf Grund unserer Untersuchungsergebnisse unmöglich zu sein, denn die gefundenen positiven Reaktionsausfälle sind nicht spezifisch für eine bestimmte Rasse, sondern treten in derselben Unregelmäßigkeit bei Höhen- und Niederungsrindern gegen- und untereinander auf. Damit komme ich zu dem Schluß, daß das Gelingen der Feststellung von bestimmten Blutgruppen innerhalb der einzelnen Rinderrassen denselben Wert hat, wie die Blutgruppenbestimmung in der Humanmedizin und zu forensischen Zwecken, nämlich die prozentuale Verteilung gewisser Blutstrukturen innerhalb der einzelnen Rassen und Schläge ermitteln zu können bzw. einen negativen Beweis der Vaterschaft erbringen zu können und ev. einen Beitrag zur Stammesgeschichte des Rindes zu liefern. (Auf Möglichkeiten, die auf veterinärmedizinischem Gebiete liegen, kann hier nicht eingegangen werden). Nach den heutigen Erkenntnissen ist es zunächst nicht möglich, durch die biologische Blutuntersuchung die Identität eines Individuums positiv zu beweisen, und dieses Problem bleibt daher noch eine ungelöste Aufgabe der Wissenschaft.

Die vorliegende Arbeit wurde unter Leitung von Herrn Professor Dr. *Golf* im Institut für Tierzucht und Milchwirtschaft der Universität Leipzig durchgeführt. Es ist mir ein dringendes Bedürfnis, Herrn Professor *Golf* für die Anregung zu der Arbeit und das jederzeit wohlwollende Entgegenkommen auch an dieser Stelle nochmals meinen verbindlichsten Dank auszusprechen.

Literaturverzeichnis.

Abderhalden, Lehrbuch der Physiologie. Berlin 1925 — Lehrbuch der physiologischen Chemie. Berlin 1923. — *Adam*, Zur Viscosität des Blutes. Z. klin. Med. **1909**, H. 68. — *Alberti*, Schwankungen des chemisch-physikalischen Blutbildes beim Rinde. Abh. Inst. Tierz. u. Molkereiw. Univ. Leipzig **1927**, H. 8. — *Allemand*, Recherches sur les matières sèches du sang dans différentes races chevalières au Suisse. Inaug.-Diss. Bern 1922. — *Amerling-Prusik*, Über den Einfluß einiger Stoffe auf die Sedimentation der roten Blutkörperchen. Fol. haematol. (Lpz.) **15** (1913). — *Andreesen*, Untersuchungen über die Beziehungen der roten Blutkörperchen zu Alter, Gravidität, Leistungsfähigkeit, insbesondere Milchleistung, Körperformen und Konstitution beim schwarzen und rotbunten ostfriesischen Niederungsvieh. Inaug.-Diss. München 1922. — *Arndt*, Das spezifische Gewicht des menschlichen Blutes und Blutserums. Inaug.-Diss. Berlin 1917 — Berl. klin. Wschr. **1921**, H. 9. — *Bang*, Methoden zur Mikrobestimmung einiger Blutbestandteile. Wiesbaden 1916. — *Baumgärtel*, Vorlesungen über landwirtschaftliche Mikrobiologie 2. Berlin 1926. — *Bechhold*, Die Kolloide in Biologie und Medizin. Leipzig 1919. — *Beck*, Über den Einfluß der roten Blutkörperchen auf die innere Reibung des Blutes. Kolloid-Z. **1925**. — *Bence*, Klinische Untersuchungen über die Viscosität des Blutes. Z. klin. Med. **58** (1905). — *Bennighof*, Klinische Untersuchungen über die Senkungsgeschwindigkeit der roten Blutkörperchen im Citratblut. Münch. med. Wschr. **1921**, Nr 41. — *Berczeller* und *Wastl*, Über die Wirkung des Schüttelns auf die Senkung der roten Blutkörperchen. Biochem. Z. **143**, H. 3/4 (1923) — Über die Senkung der roten Blutkörperchen in verschieden hoher Blutsäule. Biochem. Z. **146**, H. 3/4 (1924). — *Berger*, Die Sedimentierungsgeschwindigkeit der roten Blutkörperchen, ihre graphische Darstellung und ihre Bedeutung für pathologische Prozesse, insbesondere für Tuberkulose. Inaug.-Diss. Breslau 1924. — *Bernstein*, Ergebnisse einer biostatischen zusammenfassenden Betrachtung über die erblichen Blutstrukturen des Menschen. Klin. Wschr. **1924**, Nr 33. — *Biernacki*, Über die Beziehungen des Plasmas zu den roten Blutkörperchen und über den Wert verschiedener Methoden der Blutkörperchenvolumenbestimmung. Z. physiol. Chem. **19** (1894). — *Blunschy*, Beiträge zur Lehre der Viscosität des Blutes. Zürich 1908. — *Bonkert*, Bakteriologische Diagnostik. Berlin 1922. — *Böttger*, Konstitution und rotes Blutbild. Z. Tierzüchtg **7**, H. 1 (1926). — *Brandt*, Über die Fehlerberechnungen der hämatologischen Methoden, ein Beitrag zur kritischen Beurteilung der gefundenen Werte. Fol. haemat. (Lpz.) **1926**, H. 3. — *Brockmann*, Über gruppenspezifische Strukturen des tierischen Blutes. Z. Immun.forschg Orig. **9** (1911). — *Bruchsaler*, Über Beziehungen zwischen der Blutkörperchensenkungsgeschwindigkeit und dem Fibrinogengehalt des Blutes. Zbl. Gynäk. **1927**, Nr 32. — *Bürcher*, Die Beziehungen zwischen der Viscosität des Blutes und dessen Gehalt an Blutkörperchen und gelöstem Eiweiß. Pflügers Arch. **182** (1920). — *Burton-Opitz*, Weitere Bestimmungen der Viscosität des Blutes. Pflügers Arch. **119** (1907) — Über die Veränderung der Viscosität des Blutes unter dem Einfluß verschiedener Ernährung und experimenteller Eingriffe. Pflügers Arch. **1900**. — *Bürker*, Die Senkungsgeschwindigkeit der Erythrocyten als diagnostisches Hilfsmittel. Münch. med. Wschr. **1922**, Nr 16 — Prüfung und Eichung des Sahlischen Hämometers. Pflügers Arch. **142** (1911) — Zählung und Differenzierung der körperlichen Elemente des Blutes. Tigerstedts Handbuch der physiologischen Methoden **2** (1912). — *Clemens*, Neue Blutagglutinationsprobe mit hämolysiertem Blut und ein Beitrag über Agglutinationsabweichungen der Blutgruppen. Zbl. Chir. **1926**, Nr 48. — *Dandler*, Beiträge zur Lehre von der Viscosität des Blutes. Fol. haemat. (Lpz.) **26** (1920) — *Determann*, Die Viscosität des menschlichen Blutes. Wiesbaden 1910 — Klinische Untersuchungen über die Viscosität des menschlichen Blutes. Z. klin. Med. **1906**, Nr 59 — Ein einfaches, stets gebrauchsfertiges Blutviscosimeter. Münsch. med. Wschr. **1907**, Nr 23. — *Detre*, Über eine Mikromethode der spezifischen Gewichtsbestimmung. Dtsch. med. Wschr. **1923**, Nr 30. — *Diemer*, Weitere Untersuchungsergebnisse über willkürliche Beeinflussung der Hämagglutinationsgruppen. Mitt. Grenzgeb. Med. u. Chir. **35** (1922). — *Dietrich*, Die Bedeutung der Dunkelfeldbeleuchtung für Blutuntersuchungen. Berl. klin. Wschr. **1908**, Nr 31. — *Dillner*, Untersuchungen über die Suspensionsstabilität der Erythrocyten und über das spezifische Gewicht des Blutes, Blutserums und -plasmas beim Rinde. Abh. Inst. Tierz. u. Molkereiw. Univ. Leipzig **1928**, H. 17. — *Domarus*, Methodik der Blutuntersuchung. Berlin 1921. — *Döppert*, Vergleichende Untersuchungen über den Hämoglobingehalt des Pferdeblutes und seine Beziehungen zur Zahl der Erythrocyten. Dtsch. tierärztl. Wschr. **29** (1921). — *Duerst*, Die Beurteilung des Pferdes. Stuttgart 1922 — Die konstitutionelle Beeinflussung der Leistungen des Rindes und die praktischen Hilfsmittel zur Selektion. Züchtungskde **2** (1927). — *v. Dungern* und *Hirszfeld*, Über eine Methode, das Blut verschiedener Menschen serologisch zu unterscheiden. Münch. med. Wschr. **1910**, 741 — Über Nachweis und Vererbung biochemischer Strukturen. Z. Immun.forschg **4**, 531 (1910) — Über Vererbung gruppenspezifischer Strukturen des Blutes. Ebda. **6**, 284 (1910) — Über gruppenspezifische Strukturen des Blutes. Ebda. **8**, 256 (1911). — *Eijkmann*, Die Bleibtreusche Methode zur Bestimmung des Volumens der körperlichen Elemente im Blut. Pflügers Arch. **60** (1895). — *Ellenberger-Scheunert*, Vergleichende Physiologie der Haussäugetiere. Berlin 1925. — *Ellenberger-Trautmann*, Grundriß der vergleichenden Histologie der Haussäugetiere. Berlin 1921. — *Ernrooth*, Zur Frage des Nachweises individueller Blutdifferenzen. Vjschr. gerichtl. Med. **24** (1904). — *Fahraeus*, Die Suspensionsstabilität des Blutes. Abderhaldens Handbuch der biologischen Arbeitsmethoden. Abt. IV. Tl. 3. H. 2 (1924) — Über die verminderte Suspensionsstabilität der roten Blutkörperchen während der Schwangerschaft. Biochem. Z. **86** (1918). — *Fiedler*, Untersuchungen über die Senkungsgeschwindigkeit der roten Blutkörperchen und über das Verhalten physikalischer Eigenschaften des Blutes und Plasmas nichtträchtiger und trächtiger Rinder. Pflügers Arch. **200**, H. 1/2 (1900). — *Fleischer*, Studien über die Hämagglutination bei Tier und Mensch. Z. Immun.forschg **49**, H. 1/2 (1926). — *Franz*, Versuche einer Trächtigkeitsbestimmung mittels Blutsedimentation beim Rinde, nebst einem Beitrag über die Sedimentation des Blutes der Haustiere. Inaug.-Diss. Leipzig 1921. — *Frey*, Ein Beitrag zur Untersuchung der Eiweißkörper. Biochem. Z. **148** (1924). — *Friedenthal*, Über einen experimentellen Nachweis von Blutsverwandtschaft. Arch. f. Physiol. **1905**. — *Galli-Valerio*, Die Agglutination der roten Blutkörperchen durch homo- und heterologe Sera und ihre Verwendung in der gerichtlichen Medizin. Allg. med. Zentral-Ztg **1905**, Nr 3. — *Gärtner* und *Heidenreich*, Konstitution und individuelle Leistung. Züchtungskde **3** (1928). — *van Gelder*, Blutbeschaffenheit und Körperbau bei Hochgebirgs- und Niederungsvieh. Inaug.-Diss. Utrecht 1927. — *Gesselewitsch*, Zur Frage der Konstitution und der Blutgruppen. Verh. ukrain. Kommiss. Gruppenforschg **1**, H. 2 (1927). — *Glock*, Rassenverwandtschaft und Eiweißdifferenzierung. Inaug.-Diss. Bern 1914. — *Goroney*, Zur Frage der individuellen Blutdiagnose. Dtsch. Z. gerichtl. Med. **5** (1925) — Über die Bedeutung der Temperatur für die Differenzierung der echten und falschen Isoagglutinationen. Ebda. **6**, 1 (1925). — *Götze*, Züchterisch-biologische Studien über die Blutausrüstung der landwirtschaftlichen Haustiere. Z. angew. Anat. **9** (1923). — *Gragert*, Über Mikrosedimentrie. Zbl. Gynäk. **1925**, Nr 74 — Über Fehlerquellen bei der Bestimmung der Erythrocytensenkungsgeschwindigkeit mit der Linzenmeierschen Methode. Münch. med. Wschr. **1923**, Nr 24. — *György*, Notiz zur Kenntnis der Senkungsgeschwindigkeit der roten Blutkörperchen. Biochem. Z. **115**, H. 1/2 (1921). — *Hafner*, Zur Nomenklatur der Serumeiweißkörper und der verschiedenen Serumviscositäten. Biochem. Z. **165** (1925). — *Hammerschlag*, Eine neue Methode zur Bestimmung des spezifischen Gewichtes des Blutes. Z. klin. Med. **1892**, H. 20. — *Hansen*, Lehrbuch der allgemeinen Tierzucht. Stuttgart 1922 — Lehrbuch der Rinderzucht. Berlin 1927. — *Hansmann*, Beiträge zur Senkungsgeschwindigkeit bei Pferden. Inaug.-Diss. Leipzig 1924. — *Hekma*, Die Blutgerinnung als Agglutinationsprozeß. Biochem. Z. **143**, 105 ff. — *Hensler*, Der heutige Stand der Lehre von der Viscosität. Inaug.-Diss. Zürich 1908. — *Herlyn*, Über Blutgruppen bei Tieren. Züchtungskde **3** (1928). — *Herrel*, Das Blut der Haustiere mit neueren Methoden untersucht. III. Pflügers Arch. **210** (1925). — *Hess*, Die Bestimmung der Viscosität des Blutes. Münch. med. Wschr. **1907**, Nr 32 u. 45 — Blutkörperchen und Viscosität. Pflügers Arch. **140**. — *Hirszfeld, H.*, und *L. Hirszfeld*, Serological differences between the blood of differents race. Lancet **180** (1919). — *Hirszfeld, L.*, Die Konstitutionslehre im Lichte serologischer Forschung. Klin. Wschr. **1924**, Nr 26 — Über den gegenwärtigen Stand der Untersuchungen über die Vererbung isoagglutinabler Substanzen. Ukrain. Zbl. Blutgr.forschg **1** (1927). — *Hirszfeld, L.*, und *Halber*, Untersuchungen über die Reaktionsfähigkeit der Tiere. Z. Immun.forschg **53** (1927). — *Höber*, Physikalische Chemie der Zelle und der Gewebe. Leipzig 1914. — *Höber* und *Mond*, Physikalische Chemie der Blutkörperchensedimentierung. Klin. Wschr. **1922**. — *Holze*, Untersuchungen über Viscosität, Refraktion und Eiweißgehalt des Blutes, des Blutserums und des Blutplasmas beim Rinde. Abh. Inst. Tierz. u. Molkereiw. Univ. Leipzig **1828**, H. 18. — *Horvat*, Bemerkungen zur Methodik der Blutsenkungsprobe. Münch. med. Wschr. **1922**, Nr 50. — *Huber*, Untersuchungen über Korrelationen von Milch, Haarfarbe, Schilddrüse zur Trockensubstanz des Blutes für Schweizer Braunvieh. Inaug.-Diss. Bern 1924. — *Hueck*, Eiweißkörper des Blutes I. Biochem. Z. **159** (1925). — *Hutter*, Möglichkeiten der Elternbestimmung. Münch. med. Wschr. **44** (1927). — *Jakobsen*, Untersuchungen über die Viscosität des Blutes und des Serums gesunder Hausrinder. Inaug.-Diss. München 1925. — *Jansky*, Hämatologische Studien bei Psychotikern. Fol. serol. **3** (1908). — *v. Jeney*, Rassenbiologische Untersuchungen in Ungarn. Dtsch. med. Wschr. **1923**, Nr 49. — *Johannsen*, Elemente der exakten Erblichkeitslehre. Jena 1927. — *Josefowicz*, Über Fehlerquellen bei der Bestimmung der Senkungsgeschwindigkeit der roten Blutkörperchen. Med. Klin. **1922**, Nr 40. — *Kagan*, Zur Technik der Viscositätsbestimmung. Dtsch. Arch. klin. Med. **102** (1911). — *Kanai*, Zur Theorie der Sedimentierung der roten Blutkörperchen. Pflügers Arch. **197** (1923). — *Klaften*, Über Hämagglutination und ihre praktische Verwertung.

Mschr. Geburtsh. **75** (1927). — *Kleeberg*, Das Blutbild des gesunden Schafes. Inaug.-Diss. Halle 1927. — *Klein* und *Osthoff*, Hämagglutinine, Rasse und anthropologische Merkmale. Arch. Rassenbiol. **17** (1926). — *Kroemer*, Untersuchungen über die Beziehungen der Blutbeschaffenheit zur Leistung, Alter und Trächtigkeit. Inaug.-Diss. Breslau 1925. — *Kronacher*, Allgemeine Tierzucht. Berlin 1924 — Konstitution, Konstitutionsmerkmale, Konstitutionsforschung in der Tierzucht. Züchtungskde **1** (1926). — *Kronacher, Böttger, Ogrizek* und *Schäper*, Bluttrockensubstanz, Individuum und Rasse. Z. Tierzüchtg **8** (1927). — *Kronacher, Böttger* und *Schäper*, Blutwerte, Konstitution und Leistung. Ebda. **9**. — *Kruse*, Rasse und Blutzusammensetzung. Zbl. Bakter. I Orig. **93** (1924) — Über Blutzusammensetzung und Rasse. Arch. Rassenbiol. **19** (1927). — *Kuhl*, Das Blut der Haustiere mit neueren Methoden untersucht. Inaug.-Diss. Gießen 1919. — *Landsteiner*, zit. nach *Hirszfeld*, Konstitutionsserologie und Blutgruppenforschung. Berlin: Springer 1928. — *Landsteiner* und *Richter*, Über die Verwendbarkeit individueller Blutdifferenzen für die forensische Praxis. Z. Med.beamte **65** (1903). — *Lange*, Untersuchungen über den Hämoglobingehalt, die Zahl und Größe der roten Blutkörperchen mit besonderer Berücksichtigung der Domestikationseinwirkungen. Zool. Jb. **36** (1916—1919). — *Lattes*, Die Individualität des Blutes in der Biologie, in der Klinik und in der gerichtlichen Medizin. Berlin 1925. — *Launer*, Zur Hämagglutininforschung. Klin. Wschr. **1925**, Nr 30. — *Laurer*, Beiträge zur Abstammungs- und Rassenkunde des Hausrindes. Ber. Landw. Inst. Univ. Königsbg. **1913**. — *Leendertz*, Methoden der Fibrinogenbestimmung. Arch. exper. Path. **94** (1922). — *Lehmann*, Studien über den Zusammenhang von Wüchsigkeit mit Trockensubstanz und Alkaligehalt des Blutes bei Schweinen. Inaug.-Diss. Bern 1924. — *Leveringhans*, Die Bedeutung der menschlichen Isohämagglutination für Rassenbiologie und Klinik. Arch. Rassenbiol. **19** (1927). — *Linzenmeier*, Eine neue Schwangerschaftsreaktion und ihre theoretische Erklärung. Zbl. Gynäk. **1920**, Nr 30 — Untersuchungen über die Senkungsgeschwindigkeit der roten Blutkörperchen. Pflügers Arch. **181** (1920); **186** (1921) — Neue Untersuchungen über die Senkungsgeschwindigkeit der roten Blutkörperchen. Zbl. Gynäk. **1921**, Nr 10 — Kritisches Sammelreferat über die Senkungsgeschwindigkeit der roten Blutkörperchen. Dtsch. med. Wschr. **1922**, Nr 30 — Die Senkungsgeschwindigkeit der roten Blutkörperchen und ihre praktische Bedeutung. Münch. med. Wschr. **1923** Nr 40. — *Löhr*, Über die Veränderungen der chemisch-physikalischen Blutstruktur bei beschleunigter Blutkörperchensenkung im Gefolge von Reizkörpertherapie von chirurgischen Operationen und Erkrankungen. Z. exper. Med. **31** (1923). — *Lühning*, Versuche einer Diagnostik von Schweinerassen mit Hilfe der biologischen Eiweißdifferenzierungsmethoden. Landw. Jb. **47** (1914). — *v. d. Malsburg*, Die Zellengröße als Form- und Leistungsfaktor der landwirtschaftlichen Nutztiere. Arb. dtsch. Ges. Züchtungskde **1911**, H. 10. — *Manoiloff*, Eine chemische Blutreaktion zur Rassenbestimmung beim Menschen. Münch. med. Wschr. **1925**, Nr 51. — *Marti*, Studien über die Variation der Bluttrockensubstanz und deren Zusammenhang mit der Milchleistung bei Stallhaltung einer gleichartigen Viehpopulation. Inaug.-Diss. Bern 1924. — *Maurer*, Vorstudien des Zusammenhangs von Konstitution und Zellengröße. Inaug.-Diss. Bern 1917. — *Mayser*, Individuelle Bluteigenschaften und ihre praktische Anwendung. Med. Korresp.bl. Württemberg **96**, Nr 32 (1926). — *Mino*, Einiges über Konstitutionslehre und serologische Forschung. Dtsch. med. Wschr. **1924**, Nr 45. — *Mocsy*, Die Blutkörperchensenkung als diagnostisches Verfahren. Dtsch. tierärztl. Wschr. **1923**, Nr 18. — *Moll, Werner* und *Riehl*, Das Blut der Haustiere mit neueren Methoden untersucht. Inaug.-Diss. Gießen 1924/25. — *Mond*, Zur Theorie der Sedimentierung der roten Blutkörperchen. Pflügers Arch. **197** (1923). — *Moritzsch*, Über den Wert der Blutgruppenbestimmung in der Paternitätsfrage. Wien. klin. Wschr. **1924**, Nr 45. — *Müller*, Die Blutkörperchenzählung und Bestimmung des Blutfarbstoffgehaltes. Die Bestimmung des spezifischen Gewichts, der Trockensubstanz und der Viscosität des Blutes. Besprechung in Abderhalden, Handbuch der biologischen Arbeitsmethoden. Abt. IV. Tl. 3. H. 1. — *Naegeli*, Ergebnisse von Untersuchungen des Blutplasmas und Blutserums. Verh. Kongr. inn. Med. **1913**. — *Nathan-Herold*, Die Senkungsgeschwindigkeit der roten Blutkörperchen in den verschiedenen Stadien der Syphilis. Berl. klin. Wschr. **1921**, Nr 24. — *Nather*, Blutgruppe und Vererbung. Wien. klin. Wschr. **1927**, Nr 2. — *Neisser* und *Sachs*, Ein Verfahren zum forensischen Nachweis der Herkunft des Blutes. Berl. klin. Wschr. **1905**, Nr 42. — *v. Oettingen*, Occurence of grouped isoagglutination in the lower animals. (Beiträge zur Frage der Senkungsgeschwindigkeit der roten Blutkörperchen im menschlichen Blut.) Biochem. Z. **118** (1921). — *Ottenberg* und *Friedmann*, Occurrence of grouped isoagglutination in the lower animals. J. of exper. Med. **1911**, Nr 27. — *Ohno-Gisevius*, Schwankungsbreite und Schwankungsart der Durchmesser menschlicher Erythrocyten. Pflügers Arch. **210** (1925). — *Oppenheimer*, Handbuch der Biochemie des Menschen und der Tiere. Jena 1925. — *Pincussen*, Physikalische Chemie des Blutes und der Lymphe. Besprechung im Handbuch der Biochemie des Menschen und der Tiere **4**. Jena 1925. — *Plüss*, Über Isoagglutination im menschlichen Blut und ihre Vererbung. Inaug.-Diss. Zürich 1924. — *Prohaska*, Untersuchungen über die Bedeutung der physiologischen Blutbeschaffenheit. Inaug.-Diss. München 1908. — *Reichel*, Die Bedeutung der Blutgruppenuntersuchungen für die Beurteilung der Vaterschaft. Wien. med. Wschr. **1926**, Nr 45. — Die refraktometrische Blutuntersuchung. Erg. inn. Med. **10** (1913). — *Reiss*, *Richter*, Untersuchungen über die Beziehungen der Blutbeschaffenheit zu Alter, Gravidität, Milchleistung, Rasse und Gesamtkonstitution bei 24 Kühen, Färsen und Kälbern. Kühns Arch. **11** (1926). — *Rölfing*, Über Senkungsunterschiede der Erythrocyten im Citratblut und defibrinierten Blut. Inaug.-Diss. Gießen 1925. — *Rohrer*, Bestimmung des Mischungsverhältnisses von Albumin und Globulin im Blutserum. Dtsch. Arch. klin. Med. **121** (1917). — *Rothe*, Zur Theorie der Blutkörperchensenkung. Dtsch. med. Wschr. **1924**, Nr 2. — *Rothlin*, Kritische Studien über die physikalischen Strömungsbedingungen bei der Bestimmung der Viscosität. Z. klin. Med. **89** (1920). — *Roy*, Note on a method of measuring the spezific gravity of the blood for klinical use. Proc. physiol. Soc. **1884**. — *Rütimeyer*, Versuch einer natürlichen Geschichte des Rindes **2**. Zürich 1867. — *Sabin*, *Cunningham*, *Doan* and *Kindwall*, Besprechung in Fol. haemat. (Lpz.) **23**. — *Scheidt*, Rassenunterschiede des Blutes. Leipzig 1927 — Rassenforschung. Leipzig 1927. — *Schermer*, Dtsch. tierärztl. Wschr. **1928**, Nr 48. — *Scheunert* und *Krzy.-wanek*, Über reflektorisch geregelte Schwankungen der Blutkörperchenmenge. Pflügers Arch. **212**, H. 3/4 (1926) — Weitere Untersuchungen über Schwankungen der Blutkörperchenmenge. Ebda. **213**, H. 1/2 (1926) — Über die Beziehungen der Milz zu den Schwankungen der roten Blutkörperchen. Ebda. **215**, H. 1/2 (1926). — *Schiff*, Die Technik der Blutgruppenuntersuchung. Berlin 1926 — Kapitel „Agglutination" in Oppenheimers Handbuch der Biochemie **5** (1924) — Die Erfolgsaussichten der serologischen Abstammungsuntersuchungen. Ärztl. Sachverst.ztg **1927**, Nr 4. — *Schittenhelm* und *Bodong*, Beiträge zur Frage der Blutgerinnung mit besonderer Berücksichtigung der Hirudinwirkung. Arch. exper. Path. **54** (1906). — *Schloss*, Bestehen Beziehungen zwischen Isohämagglutination und Beschleunigung der Blutkörperchensenkungsgeschwindigkeit? Biochem. Z. **181**, H. 4/6 (1927). — *Schmaltz*, Die Untersuchung des spezifischen Gewichtes des menschlichen Blutes. Dtsch. Arch. klin. Med. **47** (1891). — *Schönenberger*, Studien über den Zusammenhang einiger Körperdimensionen mit der Bluttrockensubstanz bei reinrassigem Braunvieh. Inaug.-Diss. Bern 1924. — *Seki*, Experimentelle Untersuchungen zur Frage von dem Wesen der Senkungsgeschwindigkeit der Blutkörperchen. Biochem. Z. **143** (1923). — *Spiethoff*, Zur Methode der Blutuntersuchung und Mitteilungen über fortlaufende Blutuntersuchungen. Fol. haemat. (Lpz.) **1926**, H. 4. — *Starlinger*, Über Agglutination und Senkungsgeschwindigkeit der Erythrocyten. Biochem. Z. **114** (1921) — Senkungsgeschwindigkeit. Biochem. Z. **122** (1921). — *Starlinger* und *Hartl*, Über die Methodik der quantitativen Bestimmung der Eiweißkörpergruppen des menschlichen Blutserums. Biochem. Z. **160** (1925). — *Steffan*, Die Bedeutung der Blutuntersuchung für die Bluttransfusion und die Rassenforschung. Arch. Rassenbiol. **15** (1923). — *Sucker*, Die Isohämagglutination des menschlichen Blutes und ihre rassenbiologische Bedeutung. Z. Hyg. **1924**. — *Tandler*, Konstitution und Rassenhygiene. Z. angew. Anat. **1** (1913). — *Trumpp*, Viscosimetrische Studien. Jb. Kinderheilk. **73** (1911). — *Turowski*, Über das Verhalten der körperlichen Elemente zueinander im normalen Rinderblut. Inaug.-Diss. Gießen 1908. — *Uhlenhuth*, Der biologische Nachweis der verschiedenen Blutarten und der Blutsverwandtschaft unter den Tieren. 2. Flgschr. dtsch. Ges. Züchtungskde **1910**. — *Uhlenhuth* und *Weidanz*, Praktische Anleitung zur Ausführung des biologischen Eiweißdifferenzierungsverfahrens. Berlin 1909. — *Ulmer*, Die Bestimmung des Volumens der Blutkörperchen auf viscosimetrischem Wege. Inaug.-Diss. Zürich 1908. — *Utinger*, Über den Einfluß der Thyreoidea auf die Beschaffenheit des Blutes und ihre Bedeutung für die Konstitution und die Farbe der Tiere. Inaug.-Diss. Bern 1924. — *Walther*, Welche für die Tierzucht verwertbaren Fortschritte haben in den letzten Jahren die Forschungen auf dem Gebiete der Konstitution gebracht? Züchtungskde **3** (1928). — *Weber*, Die Viscosität des Serums im Höhenklima. Z. Biol. **70** (1919). — *Weichardt*, Der Nachweis individueller Blutdifferenzen. Hyg. Rdsch. **13** (1903). — *Wiechmann*, Über die Sedimentierung der roten Blutkörperchen. Klin. Wschr. **1923**. — *Wilckens-Duerst*, Grundzüge der Naturgeschichte der Haustiere. Leipzig 1905. — *Wischnewsky*, Zur Frage über die konstitutionelle und Rassenbedeutung der Isohämagglutination. Z. Konstit.lehre **13** (1927). — *Zorn*, Beiträge zur Konstitutionsforschung bei unseren Haustieren. Z. Tierzüchtg **11**. — *Zwar*, Die klinische Brauchbarkeit der Mikrosedimentrie nach Linzenmeier-Raunert. Inaug.-Diss. Greifswald 1926.

Bedingungen für die Aufnahme von Arbeiten.

A. Allgemeine Bedingungen:

1. Es werden vorläufig nur Arbeiten aufgenommen, deren Inhalt dem Gebiet der Zeitschrift angehört. Acker- und Pflanzenbau sowie Tierzucht und Tierhaltung.

2. Die Arbeit muß wissenschaftlich *wertvoll* sein und *Neues bringen.* Sie darf noch nicht — ganz oder teilweise — in einer der vier Weltsprachen veröffentlicht sein. — Bloße *Bestätigungen* bereits anerkannter Befunde können höchstens in kürzester Form Aufnahme finden. Arbeiten rein referierenden Inhalts und vorläufige Mitteilungen sind unerwünscht. *Polemiken sind auf Richtigstellung des Tatbestandes zu beschränken.* Aufsätze rein spekulativen Inhalts müssen neue Gesichtspunkte enthalten oder geeignet sein, die Experimentalforschung anzuregen.

3. Die *Darstellung* muß kurz und in fehlerfreiem D e u t s c h gehalten sein. Ausführliche historische Einleitungen sind zu vermeiden; es genügt in der Regel, wenn durch wenige Sätze die behandelte Fragestellung klargelegt und durch einige Literaturnachweise der Anschluß an frühere Untersuchungen hergestellt wird.

Der *Weg*, auf dem die Ergebnisse gewonnen wurden, *muß klar erkennbar sein;* jedoch hat eine ausführliche Darstellung der Methodik nur dann Wert, wenn die Methodik wesentlich Neues enthält. Mit der Beigabe von Abbildungen ist so sparsam wie möglich zu verfahren.

4. Jeder Arbeit ist am Schluß eine kurze *Zusammenfassung* der wesentlichsten Ergebnisse anzufügen. Sie soll den Raum einer Druckseite im allgemeinen nicht überschreiten.

5. Bei der Einsendung des Manuskripts hat der Autor anzugeben, ob der Inhalt der Arbeit **schon an** anderer Stelle mitgeteilt oder ob das Manuskript bereits einer anderen Zeitschrift zum Abdruck **angeboten** wurde. Fehlt die Erklärung, so geht dem Autor ein Fragebogen zu.

B. Besondere Bedingungen:

1. Von jeder Versuchsanstellung resp. jedem Tatbestand ist in der Regel nur *ein Protokoll* als Beispiel in knappster Form mitzuteilen. Das übrige Beweismaterial ist, wenn nötig, in Tabellenform zu bringen. Tabellen sind auf gesonderten Blättern beizulegen.

2. Die *Abbildungen* sind auf das Notwendigste zu beschränken. Was sich ebensogut beschreiben läßt, braucht nicht abgebildet zu werden. Was sich kürzer und klarer bildlich darstellen läßt, braucht nicht beschrieben zu werden. Bei *Kurven* ist in der Regel nicht mehr als *ein Beispiel* für eine bestimmte Versuchsart zulässig. Nach Möglichkeit sollten sich die Vorlagen, die in reproduktionsfähigem Zustand einzuliefern sind, für Strichätzung eignen. Abbildungen für Wiedergabe in Autotypie und besonders mehrfarbige Abbildungen können nur dann aufgenommen werden, wenn es der Gegenstand *unbedingt* erfordert. Die Vorlagen sind auf besonderen Blättern einzuliefern. Die Beschriftung hat sich auf das Notwendigste zu beschränken. Die Unterschriften zu den Abbildungen sind nicht auf den Vorlagen anzubringen, sondern dem Text auf besonderen Blättern anzufügen.

3. Literaturangaben sind bei Zeitschriftenaufsätzen *ohne* Titel mit Angabe von Band, Seite und Jahreszahl, bei Büchern *mit* dem Titel anzugeben.

4. *Methodisches, Nebensächliches* und *Protokolle* sind vom *Autor* für Kleindruck anzumerken.

5. Das *Zerlegen einer Arbeit* in mehrere Mitteilungen zu dem Zweck, die einzelne Veröffentlichung kürzer erscheinen zu lassen, ist unzulässig.

6. Das Institut, aus dem die Arbeit hervorgegangen ist, ist über dem Titel anzugeben.

Handbuch der Ernährung und des Stoffwechsels der landwirtschaftlichen Nutztiere

als Grundlagen der Fütterungslehre

Herausgegeben von

Ernst Mangold

Dr. med., Dr. phil., o. Professor der Tierphysiologie, Direktor des Tierphysiologischen Instituts der Landwirtschaftlichen Hochschule, Berlin

Bisher erschienen: Band I:

Nährstoffe und Futtermittel

Mit 11 Abbildungen. XIV, 575 Seiten. 1929. RM 46.80; gebunden RM 49.80

Inhaltsübersicht:

Die physiologische Bedeutung der Ernährung und des Stoffwechsels für die landwirtschaftlichen Nutztiere. Von Prof. Dr. E. Mangold, Berlin. — Die in den Futtermitteln enthaltenen Nährstoffe: Kohlenhydrate. Von Prof. Dr. C. Neuberg und Dr. M. Lüdtke, Berlin. Fette. Von Dr. C. Brahm, Berlin. Eiweiß. Von Prof. Dr. K. Felix, München. Mineralstoffe. Von Priv.-Doz. Dr. W. Lintzel, Berlin. Vitamine. Von Priv.-Doz. Dr. M. Schieblich, Leipzig. — Die Futtermittel: Die pflanzlichen Futtermittel. a) Die natürlichen pflanzlichen Futtermittel. Von Prof. Dr. F. Honcamp, Rostock. b) Die Futterkonservierung. I. Die Einsäuerung (Silage). Von Prof. Dr. E. Mangold und Dr. C. Brahm, Berlin. II. Die Trocknung. Von Dr. C. Brahm, Berlin. c) Industrielle Produkte. I. Futtermittel der Müllerei. Von Prof. Dr. K. Mohs, Berlin. II. Futtermittel aus der Gärungsindustrie und Stärkefabrikation. Von Prof. Dr. F. Hayduck und Dr. G. Staiger, Berlin. III. Futtermittel aus Rübenbau und Zuckerindustrie. Von Dr. O. Spengler, Berlin. IV. Futtermittel aus der Ölindustrie. Von Dr. C. Brahm, Berlin. — Die animalischen Futtermittel. a) Milch und Milchprodukte. Von Dr. W. Lenkeit und Priv.-Doz. Dr. W. Lintzel, Berlin. b) Tierische Mehle und Futtermittel aus niederen Tieren. Von Geh. Reg.-Rat Professor Dr. F. Lehmann, Göttingen. — Die mineralischen Futtermittel. Von Priv.-Doz. Dr. W. Lintzel, Berlin. — Futtermischungen. Von Prof. Dr. F. Honcamp, Rostock.

Jeder Abschnitt enthält ein Literaturverzeichnis, der ganze Band ein Sachverzeichnis.

Band II:

Verdauung und Ausscheidung

Mit 146 Abbildungen. XI, 464 Seiten. 1929. RM 42.—; gebunden RM 45.—

Inhaltsübersicht:

Die Verdauung der landwirtschaftlichen Nutztiere. 1. Aufgaben und Werkzeuge der Verdauung. 2. Die Verdauung des Geflügels. 3. Die Verdauung der Wiederkäuer. Von Professor Dr. E. Mangold, Berlin. 4. Die Verdauung des Pferdes. Von Prof. Dr. A. Scheunert und Priv.-Doz. Dr. Fr. W. Krzywanek, Leipzig. 5. Die Verdauung des Schweines. Von Priv.-Doz. Dr. Fr. W. Krzywanek, Leipzig. 6. Die Mitwirkung der Bakterien bei der Verdauung. Von Priv.-Doz. Dr. M. Schieblich, Leipzig. — Die Ausscheidungen der landwirtschaftlichen Nutztiere. 1. Die Faeces. Von Priv.-Doz. Dr. Fr. W. Krzywanek, Leipzig. 2. Die Niere als harnabsonderndes Organ. Von Prof. Dr. K. Peter, Greifswald. 3. Der Harn. Von Dr. C. Brahm, Berlin. — Sachverzeichnis.

Band 3 und 4 werden behandeln:

Stoffwechsel. — Energiehaushalt und besondere Einflüsse auf Ernährung und Stoffwechsel

VERLAG VON JULIUS SPRINGER IN BERLIN

Fortsetzung von Seite 2 des Umschlages:

Heft

13. **Rebentisch, Dr.** Heinrich, Die Suffolkschafzucht in England und Deutschland (mit besonderer Berücksichtigung der Domäne Lichtenburg bei Torgau) **M. 7.—**

14. **Schöningh, Dr.** Reinhard, Untersuchungen über die schwarzbunte Ostfriesenherde von U. Reershemius-Pilsum (Ostfr.) **M. 5.50**

15. **Kolbe, Dr.** Walter, Das Oberländer Pferd unter besonderer Berücksichtigung des Altbürschl-, Normänner-, Clydesdaler- und Clevelandstammes **M. 5.50**

16. **Vogelsang, Dr.** Adolf, Die Stammschäferei Ebersbach. Untersuchungen über ihre Leistungen, insbesondere die Säugeleistung **M. 7.—**

17. **Dillner, Dr.** Ernst-Konrad, Untersuchungen über die Suspensionsstabilität der Erythrozyten und über das spezifische Gewicht des Blutes, Blutserums und -plasmas beim Rinde. (Ein Beitrag zur Konstitutionsforschung) **M. 4.50**

18. **Holze, Dr.** Karl, Untersuchungen über Viskosität, Refraktion und Eiweißgehalt des Blutes, des Blutserums und des Blutplasmas beim Rinde. (Ein Beitrag zur Konstitutionsforschung) **M. 3.50**

19. **Hirsch, Dr.** Karl, Rindviehzucht und Milchleistung in der Kreishauptmannschaft Leipzig **M. 6.—**

20. **Kasten, Dr.** Hennig, Vergleichende Fütterungsversuche mit Albovin M und dem Ölkuchenmischfutter Agricola I; kritische Untersuchungen über die Verfahren zum Nachweis von Milchverfälschungen **M. 6.—**

21. **Berndt, Dr.** Erhard, Privatdozent, Chemisch-pyhsikalische Blutuntersuchungen, ihr Wert für die Beurteilung der Konstitution und Leistungsfähigkeit, und ein Beitrag zur Blutgruppenbestimmung zum Zwecke des Individualitätsnachweises. (Nach experimentellen Untersuchungen am Rinde) **M. 5.—**

Die Sammlung wird fortgesetzt